Siempre ~~te~~ *me* querré

SARA KIBUM

Siempre ~~te~~ me querré

Diario para no
perderme a mí misma

SOMOS B

Penguin
Random House
Grupo Editorial

Primera edición: julio de 2023

© 2023, Sara Moreno
© 2023, Penguin Random House Grupo Editorial, S. A. U.,
Travessera de Gràcia, 47-49. 08021 Barcelona

Diseño de la maqueta: Penguin Random House Grupo Editorial

Printed in Spain – Impreso en España

ISBN: 978-84-666-7557-4
Depósito legal: B-9479-2023

Compuesto en La Nueva Edimac, S. L.

Impreso en Gómez Aparicio, S. A.
Casarrubuelos, Madrid

BS 7 5 5 7 4

Papa, mama, Pato.
Lo conseguí

Índice

Introducción

Qué ilusión me hace que este libro esté en tus manos.

No sé ni cómo explicar lo agradecida que me siento. Espero que cada una de sus páginas te ayude y te reconforte.

Quizá aún no nos conozcamos.

Soy Sara, tengo veintinueve años mientras estoy escribiendo esto y soy de Burgos. Viví allí hasta los veintiséis, pero después de la pandemia decidí que mi vida tenía que dar un cambio, que necesitaba empezar de cero en otro lugar y, desde entonces, vivo en Madrid.

Nunca he sabido bien cómo describirme, pero si tengo que contarte quién soy en unas pocas líneas te diré:

Soy una chica muy sensible y empatizo con tooodo.

Nací en mayo, el mes de las flores.

Mi *safe space* es Seúl; volvería una y otra vez.

Soy tauro con ascendente piscis y luna en acuario ☺.

Mi sueño es vivir al lado de la playa con muchos animalitos.

Me gusta hacer sentir bien a todo el que me rodea y me esfuerzo mucho en ello.

Amo la música desde pequeñita.

Me encantaría poder visitar todos los continentes del planeta.

Y viviría viajando si no fuese porque soy una chica a la que le encanta estar en casa.

¿Y sabes lo que siempre me ha causado mucha curiosidad?

Saber cómo me ven los demás, cómo me describirían delante de otras personas.

Si le preguntas a mi familia, te dirán que soy muy fuerte, que puedo con todo y que, desde que no estoy en casa, no se ríen tanto.

Mi novio añadiría que me encantan los mimos, que me puedo pasar horas abrazada a él pidiéndole caricias en el pelo.

Y mis amigas…, mis amigas te dirán que me he ganado a pulso estar donde estoy, que soy valiente y luchadora. Mi intención con este libro es que tú también puedas conocerme, que leas mi historia, que te sirva, que te haga tomar consciencia. Que te ayude a conectar contigo misma, incluso con las partes que duelen (sobre todo con esas), que te ayude a ser mejor, que te saque una sonrisa, quizá alguna lágrima, pero, sobre todo, mi intención es que entiendas que hasta los momentos más oscuros terminan.

Si algo he aprendido de todo lo que he vivido, es a no perder la esperanza en que las cosas mejoran.

Siempre he luchado por muy dura que se pusiera la vida y por muy mal que me sintiese.

Soy muy consciente de que el precio que no puedo volver a pagar soy yo misma.

Lo que tienes entre tus manos es mi historia, mi diario de viaje.

Pero también quiero que sea el tuyo.

Coge boli, subraya, ten a mano tus pósits favoritos y úsalos.

Tú también tienes un huequito en cada capítulo.

Hay uno en el que me dedico a hablar de los espacios seguros y por qué son tan necesarios.

¿Has oído hablar alguna vez de ellos? ¿Tienes tu *safe space*?

Ojalá este libro sea un poquito ese refugio para ti, donde puedes ser tú misma, pensar libremente, escribir lo que te nace. Y volver a él siempre que lo necesites.
Quiero que sepas que he puesto mi alma en cada página de este libro.

No siempre ha sido un proceso fácil. Nunca lo es cuando se trata de remover el pasado, de reabrir heridas.

Pero llevo mucho tiempo queriendo compartirlo contigo y de corazoncito espero que te ayude
a confiar en el proceso,
a ser más compasiva, a perdonarte y escucharte,
a cuidarte y quererte cada día.

Siempre he sabido que todos mis traumas florecerían y que llegaría el momento en que estaría preparada para contarlos, sanarlos y crear algo bonito con lo que ayudar a otras personas.

Y nunca creí que este momento llegaría; supongo que el miedo a veces es más fuerte.

Hoy me siento preparada.

Son muchos años luchando para no perderme a mí misma y, aunque sigo en el camino, sé que ya lo he conseguido.

Antes de empezar, quiero que sepas
que si has vivido o estás viviendo algo
como lo que yo viví

no estás sola,

**eres más valiente y fuerte
de lo que crees,**

no es tu culpa

y, sí, lo superarás.

Recuerda estas cuatro cosas siempre.

Capítulo uno

El trauma

*Todas las historias tienen un principio,
y la que yo te quiero contar
empieza con el trauma*

La pequeña Sara, la Sara feliz

Nací un 14 de mayo en Burgos; fue un parto muy doloroso para mi mamá y para mí.

Como ella siempre cuenta, las dos lo pasamos muy mal porque yo no me movía y me sacaron con las patitas por delante y unas constantes muy bajitas.

Pero como persona de primavera y tauro, florecí muy rápido y me convertí en una niña adorable y sana.

De mi niñez conservo los recuerdos más preciados.

Me encanta atesorar momentos especiales, guardarlos en un lugar en mi memoria.

Y, la verdad, los más bonitos son con mi familia, en especial con mi hermana, Patty.

Es mi hermana mayor, nos llevamos cuatro años, aunque, ¿quién lo diría?, nunca ha estado claro quién tiene el papel de hermana mayor...

Ella fue mi primera mejor amiga y sigue siéndolo.
Nos recuerdo cantando el abecedario en ingles en la bañera,
saltando en la cama viendo a los Backstreet Boys,
cortándoles el pelo a las Barbies o jugando al *Crash
Bandicoot* en nuestra primera PlayStation 1.

Con mis padres todo fue muy fácil.
Los veranos siempre nos íbamos de vacaciones a la playa.
Mi madre nos despertaba todos los días con música y
mi padre nos daba el beso de buenas noches cuando
volvía de trabajar.
Tenemos un montón de álbumes de fotos y de vídeos caseros
de recuerdos que nunca me canso de mirar.
Con mi padre, me acuerdo de los paseos en bici y las rutas
por las cascadas de agua más bonitas de Burgos.
Con mi madre, horas y horas cantando Alejandro Sanz, Luis
Miguel... A día de hoy, se sigue sorprendiendo de que me
sepa la letra de todas sus canciones.

La verdad, fui muy feliz durante toda mi infancia.
Se me daban muy bien los estudios, me encantaba hacer
manualidades, amaba cantar y me apunté al coro, iba a
orquesta y hacía teatro.

Me gustaba salir a patinar con mis amigas.
Escribía un diario.

Me sentía una niña especial, capaz. Todo lo que me proponía
lo cumplía o, por lo menos, lo intentaba.

**Tenía una confianza en mí misma muy bonita
que con los años perdí y todavía hoy
sigo luchando por recuperar.**

Pero no me voy a adelantar.
Eso viene después.
Antes de eso, mi vida era muy feliz.

Tuve unas amistades muy entrañables durante esta etapa.
De estas tan bonitas como las que ves en las películas
o en las series, la verdad.

Mis primeros amigos se llamaban Sheila y Diego.
Siempre estábamos los tres y solo ellos venían a mis
cumpleaños, por ejemplo. No necesitábamos a nadie más.
Nuestras familias también eran amigas, eso lo hacía todo más
especial.
Nos veíamos dentro y fuera del cole.
¿Los mejores recuerdos con ellos? Sin duda cuando
veraneábamos en sus pueblos: ir en patinete, bañarnos en la
piscina, sembrar la huerta o cantar la banda sonora de *Tarzán*
hasta que el casete se quedaba sin pilas.

En primaria, la cosa cambió un poquito.
Al principio éramos cuatro amigas: Sheila, Tania, Judit y yo.
Las chicas de la clase B.
Pero hacia final de la primaria entró mucha gente nueva de
otro colegio y María se unió a nuestro grupo.
Las cinco nos complementábamos increíble y, aunque no
siempre podíamos todas o no siempre nos dejaban nuestros
padres, nos gustaba vernos también fuera del cole.

Nos encantaba quedar los miércoles en la biblioteca,
mandarnos notitas y escribir con típex nuestros nombres en
las puertas de los baños, ir las unas a las casas de las otras y
enseñarnos nuestras habitaciones (supongo que lo de hacer
room tours me venía ya desde pequeñita), llamarnos por el
teléfono fijo, pasar la tarde entera en un parque, bailar en los
festivales de fin de curso, ir juntas a teatro después de clase.
Todas nos queríamos y nos apoyábamos mucho.

Lo más divertido era que también teníamos un grupo con los chicos, en el que estaban Diego, mi mejor amigo, Jorge y Josu, que fue mi primer novio.
Pienso en ello y me resulta muy tierno.
Salimos los dos últimos años de cole. Él era uno de los niños nuevos.
Y no nos atrevíamos a hablar.
Solo nos enviábamos cartas que ni siquiera nos dábamos directamente. Jorge y Diego eran nuestras celestinas y siempre nos ayudaban.
¿Te cuento un secreto?
Nunca, NUNCA llegamos a hablar en persona, ¿te lo puedes creer? ¡Cómo podíamos ser tan vergonzosos!
Solo recuerdo su última carta, de cuando acabó primaria.
Cada uno iba a ir a un instituto distinto y en ella me pidió un beso... Ahí quedó todo y no nos volvimos a ver.

Pero vuelvo a mis amigos.
Nuestra amistad era muy pura y entrañable. Siempre que pienso en ellos me sale una sonrisa.
Íbamos juntos al cine, nos invitábamos a los cumples, jugábamos a cosas superguays en los recreos.
Nos llevábamos bien y éramos confidentes y teníamos una relación muy sana y especial.
Lo dicho: fui feliz.
Y aunque después de tanto tiempo las cosas han cambiado mucho y la relación ya no es la misma, no con todos he perdido el contacto.
Hemos tenido reencuentros y confesiones adultas, conversaciones y reconciliaciones y, a día de hoy, todos tienen un huequito muy especial en mi corazón porque con ellos también viví una de las épocas más felices de mi vida.

Soy consciente de que fui muy afortunada.
No tengo ningún mal recuerdo de la primaria. Nunca nadie se portó mal conmigo, no viví situaciones desagradables ni momentos que no desearía haber vivido.

Y es que, paradójicamente, a veces pensar en los momentos en los que fui feliz me pone triste.

¿No te pasa?

Pero soy consciente de que todo esto es porque, después de mi infancia y al entrar en la adolescencia, llegó el peor momento de mi vida.

Y llegó la adolescencia

Me gustaría poder escribirte que esta etapa fue igual de feliz. Me encantaría contarte que la vida ha sido maravillosa conmigo, pero esta vez la historia es diferente.

Tenía quince años. Has pasado por esa edad, ¿verdad?

Eres una niña, pero crees que lo sabes todo y te sientes imparable.

Pues así me sentía yo. Había superado los primeros años del instituto, las clases, los cambios.

Si bien es cierto que empezaban las inseguridades, los complejos y las envidias, yo sentía que todo estaba bajo control.

Nada con lo que una adolescente no pudiese lidiar en su día a día, ¿no?

Ay, ¡qué atrevida es la ignorancia!

Antes de los quince ya había tenido mis primeros romances y algún que otro novio (recordemos a Josu, del que te hablaba antes), pero nada serio.

No todos se portaron bien conmigo, la verdad, y echando la vista atrás, quizá yo tampoco con ellos.

Pero ¿que íbamos a saber de responsabilidad emocional y relaciones amorosas? Soy una chica que se crio en los años noventa.

La información y la educación sexual que teníamos era mala y escasa, por no decir inexistente.

Y esa poca venía de la mano de las revistas.

¿Eres de mi generación? ¿Te acuerdas? Si eres más joven y no lo viviste, te lo cuento.

¿Quién no tuvo la revista *Bravo* o la *Superpop*? ¿Quién no les pidió a sus padres que se las compraran...?

Eran las más top de la época. Nuestra brújula vital, nuestra Biblia.

Tenían un poquito de todo y eran lo más parecido a las redes sociales en aquel momento.

Podías encontrar moda, maquillaje y consejos y *tips* de todo tipo (desde «Cómo dar un morreo inolvidable» hasta «Test para descubrir lo que tus SMS dicen de ti»), entrevistaban a los ídolos del momento, acercándonoslos así a las adolescentes que suspirábamos en nuestras casas («Beckham: tierno por dentro, macizo por fuera») y, entre tanta cosa, también te hablaban de amor.

Eso sí, si querías saber sobre sexo, tenías que hacerte con la *Loka*, que ya eran palabras mayores.

Esta otra revista mítica no era apta para todas, y es que no todos los padres estaban dispuestos a comprarla.

La *Loka* no tenía ningún tapujo a la hora de hablar de relaciones sexuales y aconsejaba y trataba las experiencias de las chicas que les escribían.

Hasta ahí puede parecer una buena opción, pero si lo pensamos con la perspectiva de los años, te das cuenta de que los consejos que nos daban no tenían ningún criterio ni valoraban qué publico iba a leer esas páginas.

Y mucho menos cómo iba a influenciar a las chicas que los leyesen.

Pero si te pasaba como a mí y tus padres no te la compraban, no había de qué preocuparse: siempre había alguna amiga más guay que la tenía y estaba más que contenta de quedar para leer estas revistas juntas y poner en común el «conocimiento».

Lo que quiero decir al explicar este contexto, para las que no lo hayáis vivido, es que crecimos sin medios de calidad, con muy poca información acerca del sexo y de la cual la mayor parte estaba sin contrastar, era inconcreta o directamente errónea.

Y con unas creencias bastante equivocadas de lo que era el amor.

El concepto del amor que teníamos en nuestras cabezas nos llegaba de nuestras series, pelis, libros, etc., de referencia y era muy tóxico (hablamos de *Crepúsculo*, de *RBD*, de *A tres metros sobre el cielo*...): se premiaban los celos, se veían como un acto de amor y preocupación.

Al chico malo que la liaba y ponía en situaciones violentas a la prota lo ensalzaban como héroe. Y ella no tenía ni voz ni voto.

Que una persona te controlase no era algo por lo que salir huyendo. Casi era un motivo por el que estar agradecida de que te quisieran «tanto».

¿Los celos enfermizos? Ningún problema: era amor.

Y nosotras lo compramos todo, por supuesto. Porque era lo que había, porque eran otros tiempos, aunque no queden tan lejanos.

¿Qué quiero decir con esto?

Que mi historia estaba llena de *red flags* desde el primer momento, desde el minuto uno. Y que no las supe ver.

¿Cómo iba a hacerlo en ese contexto?

Yo era una adolescente en 2008.

Y, en parte, me alegra que gracias a la comunicación y a toda la información que existe en la actualidad seamos más capaces de identificar comportamientos tóxicos y relaciones de abuso.

Me gusta pensar que las adolescentes de hoy sabrán ver a tiempo lo que yo no supe ver.

Llegados a este punto, en el que conoces un poquito más de mí, de mi entorno y del contexto en el que crecí, podemos empezar...

El momento en que todo cambió

Me acuerdo perfectamente de la primera vez que le vi.
Era junio de 2008. Era el último día de las fiestas de mi ciudad y yo estaba con mi grupo de amigos.
Y ahí estaba él, con el suyo.
En mi ciudad casi todos nos conocemos y sus amigos conocían a los míos.

La verdad es que aquel día solo fuimos conscientes de la existencia del otro, pero apenas hablamos.
Y yo no me di cuenta, hasta pasados los días, de que él me había llamado muchísimo la atención.
¿Cómo te lo explico?
Era un chico tímido, pero a la vez irradiaba un aura de líder.
Parecía vergonzoso, pero al mismo tiempo tenía una vibra de seguridad, como de tenerlo todo controlado, y yo no sé cómo ni cuándo lo empecé a sentir, pero me empezó a gustar.

Como decía, en mi ciudad todos nos conocíamos y era muy fácil volver a coincidir.
Y así sucedió.
No sé ni cómo pasó, sin apenas hablarnos en persona, pero entre miradas y risitas nos acabamos dando los números de teléfono.
Por aquella época no teníamos WhatsApp. Utilizábamos Messenger, Fotolog, los SMS y nos llamábamos.
Cómo ha cambiado todo en quince años.

Durante casi el mes en que él se fue de vacaciones, recuerdo que hablábamos por teléfono todos los días.

Sin apenas conocernos, sin apenas haber cruzado una palabra en persona, ahí estábamos los dos, horas y horas todos los días. Hablando de cualquier cosa. Todo era interesante.

Me resultaba un chico divertido, me encantaba cómo contaba sus anécdotas, las aficiones que tenía, las aventuras que vivía con sus amigos.

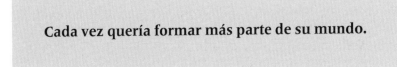

Cada vez quería formar más parte de su mundo.

Y sí.
Me gustaba cada vez más.

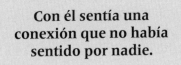

**Con él sentía una
conexión que no había
sentido por nadie.**

Pero es que, claro, a los quince años... ¿qué iba yo a saber de lo que es conectar?

Él era mayor que yo. Y aunque no sepas verlo, cuando eres adolescente eso genera en ti una especie de admiración o qué se yo, que hace que todo lo que dice o hace te parezca lo máximo, que creas todo lo que te dice sin juzgar ni pensártelo dos veces, que te maraville. Que te enganche.

Pues eso me pasó con él.

Y llegó agosto.

Y él volvió de sus vacaciones.

A esas alturas, todos nuestros amigos ya sabían que nos gustábamos; era un secreto a voces, ya sabes cómo funcionaban las cosas a esas edades... Todos se morían de ganas de hacer de celestinas por mí.

Así que yo estaba muy nerviosa.
Siempre he sido una chica muy vergonzosa y el saber que todos iban a estar pendientes de nosotros a la vuelta era algo que me hacía sentir insegura...

Recuerdo perfectamente que me maquillé, algo que apenas hacía, con una línea de ojos azul grisácea. Muy de la época.
Me puse un top amarillo y fui al centro comercial.
Ese siempre era el punto de encuentro.
Y allí estaba él con sus amigos. Igual de nervioso que yo. Se le notaba tanto...

Compramos cositas para comer y beber y nos fuimos a una zona al lado del río a la que iba todo el mundo por aquel entonces.

Y allí puede que pasasen, no exagero, cuatro o cinco horas hasta que nos atrevimos a hablar.
Eso sí, cuando pasó, no volvimos a soltarnos.
Ni en todo el día, ni en muchos meses, ni en los siete años que estuvimos juntos.

Nos hicimos novios desde ese momento.
Así éramos los adolescentes del 2000. Así era la inmediatez de nuestras «relaciones». O todo o nada...
Ahora suena imposible, ¿verdad?

Al principio, te prometo que sentía que estaba viviendo una fantasía.
Era todo tan perfecto.
Pasamos todo el verano juntos.
Y, como te contaba, no se quedó ahí, no fue un amor de verano.

Nos dedicábamos entradas en Fotolog y nos escribíamos párrafos diciendo todo lo que nos queríamos.

Nos mandábamos SMS todos los días, hablábamos por Messenger a todas horas. E incluso lo configuré para que sonara una canción cuando él se conectase.

Nos seguíamos llamando por teléfono y se nos pasaban las horas sin que nos diésemos cuenta.

Además, hacíamos planes superdivertidos: nos bañábamos en el río, pasábamos las tardes en el bosque con nuestros amigos, íbamos a casas abandonadas, hacíamos excursiones, vivíamos aventuras...

Todo era muy fácil y emocionante a su lado.

Y yo sentía que éramos un equipo.
La mejor combinación.
La animadora y el *quarterback*.

Sentía que él me quería muchísimo, que me cuidaba y me protegía.
Estaba viviendo el sueño adolescente más puro.

> **Y lo recuerdo, recuerdo perfectamente cómo y cuándo todo se empezó a romper.**

El momento en que todo se derrumbó

Cuando me propusieron escribir este libro, sentí que era una oportunidad liberadora para mí, para poder contar y sanar mi trauma y mis luchas; así, quizá con ello podría además ayudarte a ti, que lo tienes en tus manos.

Así que no lo dudé ni un solo segundo.

Y aquí estoy. Tengo tanto miedo, estoy nerviosa, angustiada. Me tiemblan las manos y siento un nudo enorme en la garganta.
No sé expresarte cómo me siento.
Es la primera vez que le cuento al mundo mi historia.

Y es que, aunque he hablado durante casi siete años sobre esto en terapia, no me imaginaba que sentarme delante de mi ordenador a escribir lo que estás a punto de leer iba a ser tan duro.
No te preocupes, no hay escenas explícitas de violencia, pero sí es un relato difícil que puede removerte por dentro, hacerte sentir incómoda.
Si alguna vez te has sentido así o has vivido algo parecido, recuerda lo que te dije antes de empezar el capítulo y repítelo como mantra:
No estás sola y no eres culpable de lo que estás viviendo o has vivido.
Aquí me tienes, soy tu amiga, a la que le puedes contar cómo te sientes, y la mano que te va a ayudar a levantarte siempre que lo necesites.
Puedes escribirme a cualquier hora, cualquier día de la semana. Ya sabes dónde encontrarme.

Estas historias, como has podido leer, siempre tienen un inicio inocente, bonito, lleno de mariposas en el estómago y palabras dulces.
Y luego aparece ese momento en el que todo cambia.

En mi caso no fue diferente.
Pero volvamos a abril de 2009, regresemos al pasado para que puedas comprenderme...

Ya llevábamos ocho meses saliendo y, probablemente, durante todo este periodo ya hubo muchísimas *red flags*, pero ninguna fue visible o importante para mí. Solo ahora, con la perspectiva del tiempo, he sido capaz de identificarlas y concederles el peso que tenían.

Yo era una chica muy extrovertida, divertida, popular en el instituto, con muchas amigas y también muchos amigos. Nunca sentí que eso fuera algo malo.

Y como decía antes, me gustaba compartirlo todo con él, formar parte de su mundo y, a la vez, quería hacerle partícipe del mío, así que se lo contaba todo: con quién salía, con quién me sentaba en clase, quiénes eran mis amigos... No escatimaba en detalles ni del presente ni del pasado. Quería que conociera toda mi historia. Le expliqué qué chicos habían sido mis novios antes que él, quiénes me habían gustado, con cuántos chicos me había besado...

Y, por supuesto, él sabía también que no había tenido ninguna relación íntima con ninguno, que mi «virginidad» la perdería con él. Pero... de ese tema te hablaré más adelante.

Yo era transparente, inocente, nunca tuve maldad ni malas intenciones con él.
No había secretos ni sentía que tuviera que haberlos.

En ese momento, yo iba a cuarto de la ESO y fui a Barcelona de viaje.
Mi primer viaje de fin de curso.
Estaba emocionada. Nunca había tenido la ocasión de ir a una excursión en la que pasar toda una semana fuera con tus amigas.
Puedes imaginar lo feliz que estaba.

Y la verdad es que lo pasamos increíble, me reí como nunca y fueron unos días supermemorables.
Éramos un grupito mixto, supertierno y entrañable; nos respetábamos y nos cuidábamos mucho los unos a los otros. Me da mucha pena esto porque hoy en día ese recuerdo tan bonito se acabó convirtiendo en el origen de mis problemas,

en algo tan doloroso que me cuesta revivirlo y rememorarlo, aunque hayan pasado tantísimos años.

A él lo llamaba desde el hotel durante alguno de los ratos libres que nos dejaban, nos escribíamos a menudo y, si te soy sincera, sentía que todo iba bien.

Cuando volví, le conté todo lo que habíamos hecho. Como de costumbre, sin dejarme un solo detalle: los bailes por las Ramblas, la fiesta en la discoteca, cuando nos bañamos en la playa por la noche, el viaje a Port Aventura, la noche en la que me quedé dormida en la habitación de los chicos, lo divertidos que eran mis amigos y todas las anécdotas que surgieron en ese viaje.
Todo.
Sin dejarme nada.
Además de enseñarle todas las fotos que subimos a Tuenti.

Quería compartirlo todo con él. Al fin y al cabo, él también lo compartía todo conmigo. Y desde lo más puro de mi corazón, te prometo que me parecía lo más sano y normal en ese momento.

Pero pasadas unas semanas desde que volvimos del viaje a Barcelona, llegó el día en el que todo se dio la vuelta.

Eran las doce de la noche. Yo acababa de terminar de darme un bañito relajante con un té de limón, velitas alrededor de la bañera y con música de los monjes budistas.
Encendí el ordenador, abrí Tuenti como de costumbre para ver qué había de novedoso y, entre todas las notificaciones, vi una suya. Era un mensaje privado desgarrador, escrito en un tono muy agresivo en el que se dirigía a mí como nunca antes lo había hecho y me insultaba, me despreciaba, me humillaba y ponía en duda mis actitudes y mi lealtad hacia él durante el viaje a Barcelona.

Me dio un vuelco el corazón. Me quedé helada.

¿Me estaba acusando de haberle puesto los cuernos? ¿Cómo podía pensar así de mí?

Me sentí fatal. No soportaba esa sensación y lo peor de todo es que no soportaba haberle hecho daño y que él pensase esas cosas horribles de mí.

Quería hablarlo y solucionarlo. Era un malentendido, yo nunca le haría daño.

Así que le llamé.

Me temblaban las manos, estaba taquicárdica, era tarde y no quería que mis padres me escuchasen discutir, así que me encerré en mi habitación con el teléfono fijo.

Y esa fue la primera vez en la que oí cómo salían de su boca todos esos insultos hacia mí.

Me dijo que era una guarra, una puta, una niñata asquerosa, entre muchas otras cosas horribles que me costó tiempo superar.

Yo estaba en *shock*.
Él estaba fuera de sí.
No me creía, no me escuchaba y me culpaba de su dolor.

Yo no sabía qué hacer para que me creyese.
Él no salía del bucle.
Seguía insultándome, seguía cuestionándome.

Me arrastré, me humillé, le pedí perdón, ¿qué más podía hacer?

En ese momento habría hecho todo lo posible para que me perdonase.

Y lo peor es que lo hice. Llegué a hacer no solo todo lo posible, sino también lo imposible.

Y eso me condenó los siete años que estuve con él.

Desde entonces, me he castigado todos los días de mi vida por no haber colgado el teléfono aquella noche.

Pero más adelante te lo cuento.

Después de aquello todo cambió en nuestra relación.

A partir de esa llamada hubo por mi parte una compensación constante por algo que ni siquiera había hecho.

Pero ¿qué se suponía que podía hacer?

Le había hecho daño y yo solo quería estar con él, que confiase en mí, revertir las cosas y ser felices.

Los siguientes meses empecé a vivir esperando.

Esperando el momento en el que, a base de aceptar sin rechistar sus castigos y prohibiciones, yo llegara a demostrarle que eso que él pensaba de mí no era verdad y me perdonase.

Esperando que me aceptase.

Esperando ser digna de él.

Esperando sin saber que todo esto nunca llegaría.

Mientras que él sabía perfectamente lo que estaba haciendo.

Una excusa pequeña y absurda le había servido como oportunidad para hacer que poquito a poco yo dejase de lado mi vida, me alejara de todo el mundo y lo necesitara solo a él.

Además de una manera —en aquellos primeros momentos— en la que casi no hacía falta que me exigiese o impusiese nada porque, como te digo, yo me desvivía por complacerlo al máximo. No solo accedía a todo lo que me pedía, sino que hacía muchas cosas por voluntad propia.

El tema del viaje de fin de curso pasó, pero, qué casualidad, llegaron otros problemas. Siempre se sumaban más cosas por las que yo sentirme culpable, por las que él sentirse herido y así seguir con esa dinámica de poder.

«No me has llamado al llegar a casa».

«Has mirado a ese chico en esa fiesta».

«Me he acordado de que besaste al que llamas tu mejor amigo».

Siempre había más.

Y yo volvía a rogar, suplicar y volver a arrodillarme.

Él siempre me decía:

—Justo ahora que te iba a perdonar y me haces esto.

Yo me rompía en mil pedazos cada vez.

Él me sacaba el corazón y me lo volvía a meter vacío.

Los castigos, o las cosas a las que él me pedía que renunciase, al principio, aunque me dolían, me parecían precios justos que pagar.

«No hables con los chicos de tu clase porque me hace daño».

«Si te saludan por la calle, no contestes».

«No quiero que quedes con tus amigas del instituto porque van a salir con ellos».

«No quiero que salgas de fiesta sin mí».

Pero la bola cada vez se hizo más grande, y yo ya no tenía voz. La había perdido.

También era mejor callar porque, si le cuestionaba alguna de estas cosas, sistemáticamente pasaba a ser una guarra que quería liarse con todos.

Y una vez más, le acabaría dando la razón.

Y no podía permitírmelo.

«¿Por qué prefieres seguir hablando con ellos y hacerle ese daño a tu novio si no es porque te los quieres tirar?».

No podía expresarme, no podía hablar.

Poco a poco le di el poder. O, mejor dicho, me lo quitó a la fuerza.

Él lo aprovechó para ir volcando en mí todas sus inseguridades y tener el control total de mi vida.

Pasaron los meses, pero esta espera se convirtió en años.

Viví así todo el tiempo que estuve con él.

Lo que empezaron siendo prohibiciones y castigos acabó convirtiéndose en un maltrato psicológico constante, diario.

Y es curioso, pero en este punto yo ya no le quería.

Era consciente de que todo eso que me estaba haciendo no lo merecía y tampoco entendía cómo alguien que te quiere te hace eso.

Te humilla, te insulta, te castiga.

Disfruta viéndote llorar.

Disfruta viendo cómo te arrastras por él.

> **Para él eso era el amor.**
> **Para mí, no.**
> **Pero no era capaz de salir de ahí.**

Y es que nadie me enseñó cómo hacerlo.
Nadie de mi entorno sabía por lo que estaba pasando.
Me esforzaba muchísimo en disimular, en inventar, en mentir por él.
En que pareciese que mis decisiones las había tomado yo.
En que nadie sospechase.
No sé si me daba miedo, vergüenza o si no iba a soportar sentirme juzgada, no lo sé.

Pero al final llegó el día
en el que todo fue más allá.

¿Cómo tienes que estar sufriendo para pensar que el día en el que te ponga la mano encima va a ser tu salvación?
Aún me sigue torturando.

Siempre pensaba: «El día que pase esta línea, tendré valor y me iré».
Pero sobrepasó todos esos límites y yo nunca encontraba esa fuerza.
Siempre me quedaba.
Y sí.
Cruzó todas las líneas.
Me maltrató físicamente.
Y tampoco me fui.

Recuerdo la primera vez y recuerdo la última.

La primera vez, cuando aún no habíamos cumplido el año, todo lo que te he contado antes estaba latente.

Era un día normal en el que fui a su casa. Él se estaba preparando para salir con nuestros amigos.

Yo estaba sentada en su habitación, esperando a que se cambiase para irnos, con otro amigo suyo.

Estábamos los tres hablando, todo estaba normal. Y digo normal porque vivir en tensión y con miedo era algo que ya había normalizado.

Pero no sé en qué momento la conversación se torció.

Con él eso era muy fácil.

Y empezaron otra vez los insultos, a recriminarme mi actitud en un interrogatorio sin salida.

Me sentía asfixiada, humillada, avergonzada. No sabía qué decir y menos con otra persona presente. En la intimidad era más fácil arrastrarse.

Y, como siempre, hice lo que pude por calmarle, le decía lo que quería escuchar y hacía todo lo que me pedía.

Pero esta vez nada ayudaba.

Todo se estaba poniendo peor.

Los gritos eran cada vez peores, las amenazas, la agresividad.

El corazón se me iba a salir del pecho.

Noté cómo me agarró del pelo y me golpeó la cara contra la pared.

Entré en *shock*.

Me quedé paralizada.

Me destrozó.

No sabía si llorar, gritar o morirme.

Pero no me fui.

Y su amigo no hizo nada.

Pasadas unas horas, quiso hacerme creer que se arrepentía.

Que se preocupaba.

Sin embargo, rápidamente se convirtió en la víctima, que yo lo había llevado a ese extremo y casi obligado a hacerlo. No lo recuerdo, pero es probable que acabase pidiendo perdón yo.

Fuimos a Urgencias o, mejor dicho, me obligó a ir a Urgencias.
Se sentía mal y tenía miedo por si el golpe en la cabeza me
había causado alguna hemorragia interna.
Era todo tan irreal, nada tenía sentido.
Aun así, fuimos. ¿Qué podía hacer?

No sé qué historia me inventé allí. Pero, no, no me pasaba
nada, no tenía nada.
Volvimos a casa y todo siguió como si nada.

Estaba rota.

Los siguientes días y durante muchos años me empecé a
odiar a mí misma.
Y le odiaba a él cada día más.
Ya no le quería, no quedaba nada de amor por mi parte.

Y estas situaciones se repetían sin ningún patrón.
El abuso verbal, las humillaciones, las peleas, los gritos, los
golpes, el control.

La posesividad, el abuso sexual, los celos, la anulación.
Siete años.

**Entonces empecé a sobrevivir, no a vivir.
Asumí un destino que no me pertenecía.**

Entendí que esa era la vida que me había tocado y que debía
intentar llevarlo de la mejor manera posible.
Aprendí a vivir en el infierno.
Y viví disociando la realidad durante todos esos años.

¿Y la última?
No me atrevo a contarla.

Hay algo que hoy en día me persigue.

Y es que yo simplemente me fui.
Aunque nunca fui capaz de decirle a la cara cómo me hizo sentir.
El daño que me hizo.
El sufrimiento que me causó.
Lo que le odiaba.

Tenía muchísimo miedo, solo quería que se acabase todo.
Desaparecer.

Volver a nacer.

Recogí lo poquito que quedaba de mí. Y me fui.
No quise mirar atrás.

Ahora te toca a ti

♥♡♡♡♡♡♡

Cuando recurrimos a un momento feliz, a una experiencia bonita de la que nos acordamos con amor y con calor en el corazoncito, a nuestro cuerpo le ocurren los mismos cambios que si lo estuviera viviendo de nuevo. Genera las mismas hormonas de la felicidad, que van a hacer que, sin darte cuenta, estés ahí y te sientas feliz.

- Crea tu *moodboard* de recuerdos bonitos de tu infancia a los que te gusta volver.
- Busca un sitio y un momento tranquilo.
- Cierra los ojos e intenta volver a tus mejores recuerdos.

¿Qué paso? ¿Con quién son? ¿Dónde estabas? ¿Qué sientes?

♥♡♡♡♡♡♡♡

♥♡♡♡♡♡♡♡

Capítulo dos

Volver a empezar

*¿Cómo puedes sentirte libre cuando
toda tú estás hecha pedazos?*

26 de junio de 2015.
Volví a casa.
Y lo hice rota.
Desconsolada.

Pero, a la vez, me sentía libre.
Era libre.
Qué sensación más agridulce, ¿no?
¿Cómo es posible que coexistan dos sentimientos tan
opuestos dentro de una persona?

Yo ya había llorado y había sufrido lo inimaginable; ahora
solo podían pasar cosas buenas.
Ahora me tocaba a mí.
Después de todo, pensaba: ¿qué puede hacerme daño ahora?
Creí que olvidarlo todo era lo más sencillo y que tenía que
aprovechar la oportunidad de empezar de cero.
Creía, hasta que dejé de creer.

Y es que cuando sufres algo así, no solo hay que olvidar. No es
suficiente.
Hay que sanar.

Hay que trabajar los traumas y las secuelas de las que
ni tú misma eres consciente y que, sin darte cuenta, van
apareciendo en tu vida hasta en los actos más cotidianos.

Sufrí un maltrato que hizo que no creciese como persona,
que no supiese quién era, que me llenó de dolor, de rabia, de
miedos y de inseguridades.
Y por el que tuve que pagar el coste más elevado, que fue
perderme a mí misma.

Tocaba empezar de nuevo.
Reconstruir mi vida o, mejor dicho, construirla desde cero.

Del pasado solo me quedaban dos amigas.
Ellas estaban conmigo cuando empecé mi relación, pero
poco a poco se fueron apartando de mi vida, o más bien
las aparté yo.
No sé si consciente o inconscientemente, pero no quería que
fuesen partícipes de lo que estaba viviendo.
Aun así, nunca se fueron de mi lado.
Y a día de hoy siguen conmigo. No te puedes imaginar lo
afortunada que me siento de tenerlas. Incluso ahora, que
no vivimos en la misma cuidad, siempre que podemos nos
vemos, nos cuidamos, nos queremos.

Todos los demás se pusieron de su parte, pero, si te soy
honesta, tampoco los quería de la mía.
Ellos fueron también responsables de lo que me sucedió.
Ellos nunca me apoyaron.
Ellos nunca le pararon.
Además, quería borrar cualquier recuerdo de mi pasado.
Prenderle fuego y hacerlo desaparecer.

Pero ese verano viví en una nube.

**Empecé a descubrir la vida, a hacer cosas
que nunca había hecho.**

Me fui de vacaciones con mi familia.
Me hice redes sociales.
Salí de fiesta.
Hice nuevos amigos.
Conocí a algún chico.
Y, lo más importante, me empecé a conocer a mí.

Era todo tan raro que no sé cómo explicártelo.
¡Qué bien me sentía!
Y es que, cuando lo pienso, lo recuerdo como uno de los
mejores momentos de mi vida.

Como te he dicho antes, no tenía un grupo y con mis amigas
me era difícil quedar al principio porque no sabían nada. Y
verlas era tener que enfrentarme a algo para lo que entonces
no tenía fuerzas.

Mi hermana sí estuvo conmigo siempre, no me dejó sola ni
un segundo.
Ella era la única que sabía algo de lo que había ocurrido. La
punta del iceberg.
Como te he contado antes, viví esos siete años en silencio y
nadie nunca supo por lo que estaba pasando.
Pero si te soy sincera, no se lo conté porque quisiera hacerlo.

Aquel día volví a casa tan llena de heridas, magulladuras y
moratones que no pude disimular.
Y ella me ayudó en todo momento a cubrirlos para que mis
padres no sospechasen nada.

A partir de ese momento, ella fue mi compañera y mi refugio.
Y es que nunca hemos dejado de ser mejores amigas.
Fue ella la que me incluyó en su grupo de amigas y juntas
hacíamos muchísimos planes:
íbamos a la piscina, a bañarnos al pantano,
no nos perdíamos ninguna fiesta de los pueblos,
nos fuimos juntas de viaje,
salíamos, bailábamos, nos divertíamos...

Estaba viviendo la vida que siempre quise tener.

O, simplemente, estaba viviendo, joder.

He de reconocer que, a pesar de mi estado de euforia y recién estrenada libertad, también tenía miedo.
Miedo a verlo a él, a sus amigos, a su familia.
Miedo a que me recriminase algo.
Miedo a que me hiciera algo.

Pero las ganas podían más que el miedo y, aunque me siguiese dando rabia tener que esconderme, lo prefería así.
De manera egoísta, quería que él estuviese lo más tranquilo posible para poder estarlo yo también.

Y así pasaron los meses. Y pasó el verano. Y luego el otoño. Y vino la primavera.

En abril de 2016 llegó el día en el que conocí a una persona que hizo que mi vida diera un giro.
Que fue mi apoyo y mi luz al final del túnel.
Una historia de las de amor de verdad, o eso intentamos los dos con todas nuestras fuerzas.
Yo era una chica de veintidós que tenía el corazón y el alma rotos.
Y él...

Él apareció en mi vida de una manera inesperada, pero llegó para quedarse.

Conocí a Mario durante el verano en que volví a la vida, el de 2015, y en 2016 nos hicimos novios.

Al principio, todo era increíble.

Me hacía sentir tan especial, era todo tan diferente.
No había malas palabras, ni celos, ni prohibiciones.

Ahora sé que eso es lo normal, lo mínimo para que una
relación funcione y sea sana.
Y no digo para nada que la nuestra no lo fuera, pero el
respeto, el amor y la comprensión son cosas básicas y vitales,
no cosas que hay que agradecer. Tenlo siempre presente.
Que te traten bien es lo normal, pero para mí era nuevo.

Y yo sentía cosas que nunca había sentido por nadie.
Cosas muy buenas, pero, por desgracia, también muy malas.

Por primera vez en mi vida, sentí lo que era querer a alguien.
Y que fuese recíproco.
Pero le quería con tanto miedo...
Con miedo a que se fuera,
a no ser suficiente,
a que me dejase de querer...
Yo misma no me quería. Entonces para mí era muy difícil
entender cómo alguien me iba a querer.
Y todos esos miedos hacían que me sintiese vulnerable,
atemorizada, pequeña.

Para que entiendas la situación en la que estaba, te diré que
mis creencias, mis valores, mi concepto del amor, todo, estaba
derruido.

Todo había sido tan traumático que había dejado en mí una
huella terrible, aunque no fuera consciente de ello.

Entonces, sin darme cuenta, sin saber cómo ni por qué,
empecé a tener comportamientos horribles y sentimientos
que me hacían muchísimo daño tanto a mí como a él.

De manera consciente, intentaba reprimir todo lo malo que
sentía. Todo lo que sabía que a él no le correspondía.
Quería tener una relación sana y sabía perfectamente por qué
cosas no quería hacerle pasar.

No quería repetir con él lo que me habían hecho a mí.
Mi mayor miedo era convertirme en alguien capaz de hacer daño.
Y al principio todo fue bien.

Pero pasaron los meses y llegaron los celos, el vacío, los reproches, el malestar, los ataques de ira, los gritos, las autolesiones.

> **Y entré en pánico.**
> **¿Por qué me siento así?**
> **¿Qué me está pasando?**

Ante todo esto, Mario, que sabía desde el primer día todo por lo que había pasado, actuó con compresión.
En todo momento intentó calmarme, ayudarme.
No siempre lo conseguía, pero te aseguro que hacía todo lo posible por que yo estuviera bien.
De la manera que podía con las herramientas que tenía.
Sin reproches, sin recriminarme nada.
Pero es que seguíamos siendo dos niños de veintidós años.
Yo había salido de una relación traumática y él nunca había tenido novia.
Y nos esforzábamos muchísimo en que todo fuera bien.

Pero no era así.
Las cosas no iban bien.
Quizá sí entre nosotros, pero no en mí.
Algo me estaba matando por dentro.

Y ahí, al ver el daño que le estaba haciendo a otra persona, fue cuando llegó mi punto de inflexión.
Decidí pedir ayuda.

A veces, cuando he echado la vista atrás, me he sentido mal por no haberla pedido por mí al salir de la relación, sino que me hizo falta hacerle daño a otra persona y, en cierta manera, di el paso «por él más que por mí».

Sin embargo, ahora sé que necesitaba ese detonante.
Necesitaba ese empujón.
Y lo necesitaba a él.

No te voy a mentir, estaba asustada. No sabía cómo enfrentarme a ello.
Pedir ayuda psicológica significaba tener que contarle a mi madre, por muy poquito que fuera, algo de lo que yo había vivido. No podía mentirle más, no podía inventar más excusas, quería hablar y que me tratara alguien que fuera especialista en violencia de género, que hubiera trabajado con más chicas como yo.
Pero ¿cómo iba a decírselo? Llevaba siete años protegiéndolos, mintiéndoles, para que ellos no sufrieran.
Para que no cargaran con la culpa.
Necesitaba coger todos los pedacitos de mi valor y recomponerlo.
Y así lo hice.

Un día y de la manera más natural, aunque por dentro estaba temblando, le dije cómo me sentía. Le conté que necesitaba ayuda profesional porque estaba cayendo en un pozo del cual me estaba siendo imposible salir.
Y el punto más importante, le dije que prefería que esa ayuda fuera de una psicóloga especialista en relaciones de maltrato.
Ahí estaba yo, abierta en canal.
Y sabiendo que eso le iba a hacer mucho daño a mi madre.
Si te soy sincera, estaba tan nerviosa que no recuerdo su reacción.
Solo sé que me apoyó y que fue ella la que se encargó de buscar esa ayuda.
A esas alturas, mi madre ya sospechaba algo.
Y es que, al poco tiempo de dejarlo ese verano, tuvimos un par de encuentros muy desagradables con él y una de las

amigas de mi hermana. En un momento de miedo, ella habló con mi madre para contarle que él no se había portado bien conmigo y que tuviéramos cuidado.

En ese momento, maquillé la realidad y le conté un uno por ciento de lo que había vivido para que ella no lo pasase mal y con tal de no hacerla sentir culpable.

Pero mi madre es mi madre y no es tonta.
Después de todo lo que yo había vivido en siete años, las situaciones raras que tuve que justificar, las veces que me comportaba de manera extraña con ellos, fue dándose cuenta sin tener que decírselo de que no había sido por mi culpa.

Por muchos años, este tema ha sido tabú en casa.
Es algo de lo que no hablábamos; era como si no hubiera pasado.
Ahora entiendo que querían protegerse, que pensar en ello les causaba dolor y era su mecanismo para sobrellevarlo.
Pero a mí me dolía como puñaladas.
En esos momentos sufría por no sentir su apoyo y verme sola, aunque a la vez sabía que tenía que ser así porque no quería causarles dolor.
Y es que ese era mi mayor miedo.
Pero me di cuenta de que no podía hacerme responsable de ello, no podía cargar con el sufrimiento de todos.
Me tocaba sanar a mí.
Y así empecé ese camino.

Ahora te toca a ti

♥♥♡♡♡♡♡♡

En estos años de desarrollo personal y aprendizaje, me he dado cuenta de que es muy importante vivir en gratitud, ser agradecido y consciente de las cosas y las personas buenas que aparecen en tu vida.

En este capítulo te propongo que pienses en quiénes son tus personas salvavidas, como lo fueron para mí mi hermana y Mario en el peor momento de mi vida. ¿Crees que saben lo que significan para ti? ¿Alguna vez se lo has dicho? Te propongo que utilices este espacio para escribirles una carta y, si te apetece y te sientes lista, puedes incluso dársela para que la lean.

♥♥♡♡♡♡♡♡

♥♥♡♡♡♡♡♡

Capítulo tres

La terapia

Un espacio en el que poder, por fin, respirar

Recuerdo perfectamente cuando empecé con mi primera psicóloga, porque coincidió con el inicio de mi primer (y único) año de universidad, en septiembre de 2016.

Como te puedes imaginar —y, si no te lo imaginas, ya te lo digo claramente—, entre todas las prohibiciones que tuve en mi relación, una de ellas fue ir a la universidad.
Me lo prohibió sin miramientos.
Sin esconderse lo más mínimo, ni siquiera con manipulaciones para hacerme creer que la decisión la había tomado yo.

Bueno, en verdad nunca le hizo falta. Sabía que podía hacer conmigo lo que quisiera.
Y no solo le bastó con eso. Para quitarme toda posibilidad futura de querer ir, de revelarme contra él o de cambiar de opinión, tampoco pude hacer la selectividad.

Y sí, ahí también tuve que engañar a mis padres. Les hice creer que su hija, la que tenía tan buenas notas, la que quería ser química y soñaba con tener un doctorado, no hizo selectividad porque no creía en las carreras y que, en lugar de eso, prefería entrar en un grado superior.

Con el tiempo he sido feliz con esa decisión no elegida.
A mis veintinueve años no creo en las carreras, por eso este fue mi primer y último año de universidad, pero ese es otro tema.

Mi psicóloga formaba parte de un programa de ayuda para víctimas de violencia de género que consistía en diez sesiones gratuitas de terapia, pero para que te la asignasen tenías que pasar una «entrevista» que verificara que habías sufrido maltrato.

No te puedo explicar con palabras lo mal que me sentí ese día, contándole a aquella persona que ni me miraba, sin ningún tipo de empatía hacia mí, las torturas por las que había tenido que pasar.
Lo recuerdo como una escena fría en la que me sentí juzgada, vulnerable y sola.
Ese día, además, mi nombre fue uno más de la lista de víctimas y, por alguna razón, dolió como un puñetazo.
Aunque, bueno, una vez pasado ese trámite tan desagradable y me hubieron asignado a la que sería mi psicóloga, la cosa mejoró.

Las sesiones con ella eran un soplo de aire fresco.
Sentir que quieres luchar por ti, que quieres avanzar, que quieres superarlo, siempre sienta como un abracito.
Además, aunque solo fuera en ese rato de terapia, todo el caos que había en mí, todo el dolor, el malestar, se hacían más pequeños.
Me daba fuerzas para seguir.
Me llenaba de esperanza.
Me hacía creer que lo iba a superar.
Y era justo lo que necesitaba.

Recuerdo que Mario siempre me llevaba y me recogía al

salir. A veces ni se iba a casa; me esperaba en su furgoneta emocionado porque sabía que siempre que salía de allí lo hacía cargada de energía.

Hoy en día, aunque ya no somos novios pero sí mejores amigos (siento el *spoiler*), me sigue preguntando cómo me ha ido y cómo estoy cada vez que salgo de terapia ☺.

Quizá las cinco o seis primeras sesiones fueron citas semanales.

Y fue duro, no creáis que porque me sentara bien era un camino de rosas. Casi nunca lo es. Era complicado y doloroso porque era la primera vez que verbalizaba todo lo que había sufrido, que tomaba consciencia de que todo eso era real.

Ya te digo que, aunque siempre salía contenta, remover todo lo vivido era algo horrible.

Recuerdo un ejercicio en particular, que es con el que más he llorado en mi vida. Consistía en pensar en uno de los momentos concretos en los que había sido maltratada.

Pensar en mí en ese momento.

Cerré los ojos. Me vi ahí.

Ella me preguntó:

—¿Qué te dirías si estuvieras allí ahora con ella? ¿Cómo la consolarías?

Dios mío.

Me rompí en lágrimas.

Yo le contesté sin dudar:

—La abrazaría tan fuerte…, la haría sentir segura, le diría que no es su culpa y me la llevaría conmigo a casa. La protegería todos los días de mi vida.

Pfff, no puedo parar de llorar ahora mismo mientras recuerdo este momento.

A pesar de esto, lo que siempre tuve claro, y así se lo hice saber a mi psicóloga desde el primer día, es que yo iba para sanar.

> **No dudé de mí ni
> de mi proceso.
> No me importaba
> cómo de dolorosas
> iban a ser las
> sesiones.
> Iba con todo y
> a por todas.**

Y es que, en estos casos, siempre te avisan, y más cuando se tratan traumas, que sanar significa remover y eso siempre duele, te causa incomodidad y malestar.
Y que siempre hables y hagas hasta lo que te sientas cómoda, a tu ritmo, sin presión.
Y que, si hay algo que te incomoda, se puede parar.

Pero no era mi caso.
Mis ganas de curarme eran tan grandes que nunca dije que no a ningún ejercicio por duro y doloroso que fuera.

Y día tras día, sesión tras sesión, me fui haciendo más fuerte.
Y, a la vez, fui cayendo lentamente a un pozo.

Hasta ese momento, yo había estado sobreviviendo.
Había metido mi trauma bajo llave en una cajita muy apartada en mi cabeza, pero todos esos pensamientos y comportamientos tóxicos que tenía no eran casualidades; provenían de un lugar muy concreto y —visto con el tiempo— muy evidente. Intentaba controlarlos todo el rato y confiaba en que, con la terapia y todo el esfuerzo que estaba haciendo, simplemente desaparecerían y todo terminaría.
La vida sería maravillosa. Yo sería feliz como cualquier otra chica de mi edad.

Pero solo estaba empezando.

A raíz de tomar consciencia de todo lo que había vivido y hacerlo real, «mi vida», o lo poco que quedaba de ella, se derrumbó.

Algo había cambiado, algo no iba bien.

Me diagnosticaron depresión.

Para que puedas imaginarte cómo me sentí, piensa que hasta ese momento yo había aprendido a sobrevivir en los peores escenarios posibles. Vivía disociando, pero tenía una vida totalmente funcional.

¿Alguna vez habías oído hablar de la disociación?

Yo hasta hace un par de años tampoco.

La disociación es un mecanismo de defensa ante el trauma. Es lo que hacía para sobrevivir.

Se puede ver como un intento de la mente para protegerse de una situación traumática o bien como una consecuencia de un trauma. Cuando un hecho es emocionalmente muy perturbador, la mente se fragmenta para poder soportarlo o sobrevivir a él.

¿Y esto qué significaba para mí?

Que llegó un punto en el que mi mente no aguantó más y comenzó a vivir en automático para seguir hacia delante. Y es algo que se me daba superbién.

Te confieso que cuando mi psicóloga me lo dijo, sentí alivio. Porque una de las cosas que me torturaban era que no entendía cómo había tenido la fortaleza para aguantar siete años de relación traumática y, ahora que era libre y tenía una vida tranquila, me sentía desmoronada, en caos, deprimida y exhausta.

Era por eso.

Pero eso cambió a raíz de empezar el complejo proceso de terapia que te explicaba antes.

No tenía fuerzas para levantarme de la cama.

No encontraba la energía para vivir.

No le veía siquiera el sentido.

Empecé a sumirme en una profunda tristeza, en una sensación de vacío, de apatía, de miedos y desgana.

De culpabilidad, de victimismo, de derrota.

Además, no podía evitar sentir que estaba arrastrando a Mario.

No podía evitar sentirme una carga y que eso alimentase todas mis inseguridades.

Se suponía que no tenía que ser así, se suponía que los principios de las relaciones son bonitos.

Cuanto más entraba en el bucle,

más me costaba salir.

Mi confianza en sanar, que hasta entonces había sido ilimitada, se esfumó.

**No confiaba en que fuera
a superarlo nunca.
Me había rendido.**

Entonces volví a pedir ayuda.

Y esta vez le pedí a mi madre que me llevase al psiquiatra.

Sentía que sola no podía, que estaba cayendo y cayendo cada vez más profundo y que quizá la medicación podía ayudarme a mover la rueda poquito a poco.

Fue difícil decírselo porque sabía que estaría en contra de que me medicase.

Yo en aquel momento no comprendía su postura. Le intenté explicar que las pastillas solo serían ese empujón que necesitaba para avanzar.

Una ayuda que, junto con la terapia, haría que me recuperase lo antes posible.

Ella hacía por comprenderme y apoyarme en todo momento, pero yo notaba que por una parte intentaba convencerme de que no lo hiciera, que en el fondo no quería que pasase.

Ahora entiendo que no era por las pastillas, sino por el dolor que le causaba verme así.

No solo tenía que ver a su hija en esa situación, pidiendo ayuda desesperada, sino que además cada día era un recordatorio de lo que me había pasado, de que no había podido protegerme, aunque, claro está, no hubiera sido su culpa en absoluto.

Al final, y tras mucho debatir, pedimos cita al psiquiatra y a las semanas comencé con la medicación que me había pautado.

La vida no cambió de la noche a la mañana. O, al menos, no a mejor. Fueron unas semanas horribles hasta que cesaron los efectos secundarios.

Mis sensaciones eran como las de estar borracha y, a la vez, con resaca y recién bajada de una noria. Todo el día.

Si abría la boca para hablar, me daban náuseas constantemente.

Siempre tenía los músculos agarrotados y a veces me sorprendía apretando la mandíbula o con las extremidades tensas.

Cuando todo esto se calmó, empecé a vivir más tranquila.

Comencé a ver la luz poquito a poco.

Sin embargo, era todo muy confuso.

Me encantaría contarte que la sanación es lineal.

Pero era una montaña rusa constante. Un día crees que eres invencible y que has avanzado mil pasos y, al siguiente, das tres mil hacia atrás.

Mario siempre me decía:

> **Confía en el proceso.**
> **Un día, sin darte cuenta, estarás bien.**

Además, solía ponerme un ejemplo que ahora uso mucho. Comparaba el sanar y recuperarse con tomarte una pastilla cuando te duele la cabeza y sientes que no se te pasa, pero, en el momento en el que te distraes con otras cosas y simplemente vives, de repente eres consciente de que te ha dejado de molestar. No sabes cuándo ha sido, pero ya no duele.

Esto es aplicable a todo proceso de crecimiento, de sanación, de reconstrucción. Intenta mantenerlo en mente: no vas a notar los cambios ni a ser realmente consciente de todo lo que has avanzado hasta que pase el tiempo y eches la vista atrás.

Al principio, lo más difícil era no sentir cada pequeña caída como un fracaso absoluto.
Me paralizaba pensar que caer significara volver a empezar desde la casilla de salida.

Las sesiones con mi psicóloga me ayudaron muchísimo, y es que el simple hecho de ir ya me hacía sentir bien porque eran la prueba de que estaba avanzando activamente en mi recuperación. Pero recordemos que el programa era de diez sesiones...
Y es evidente que no fueron suficientes.
Pero yo pensé que sí. Que ya estaba hecho. Había cumplido con todas, ¿no?
En ese momento sentía que podía con lo que quedara por delante sola.

No terminaba de ser consciente de todo lo que había dentro de mí. De hecho, quedaba tanto (y era tan evidente que no podía hacerlo yo sola) que a día de hoy, casi ocho años más tarde, sigo trabajándolo en terapia.

**Las secuelas van mucho más allá
de lo que te ha pasado.
El trauma es algo que te va a acompañar de por vida.
A mí me costó entenderlo, pero es así.**

Así que pasaron los meses entre subidas y bajadas constantes.
Era agotador.
Los días de depresión eran muy intensos. Era muy fácil caer en ellos y no salir de ahí.
Me tiraba semanas y semanas derrotada, llorando, luchando contra los pensamientos tristes y destructivos.
Luego había días buenos que sentía como un regalo.
Esos en los que mi cabeza descansaba un poquito y veía la luz muy tenue al final del camino.
Días en los que me sentía fuerte, valiente y capaz de superarlo todo.

Pero después volvían los malos y me costaba muchísimo esfuerzo entender que tenía que ser así y que aquello no significaba que el camino no estuviera recorrido.
No volvía a empezar.
Pero se sentía así.

Durante esos meses, desde que se me diagnosticó la depresión, pasaron muchas cosas:
dejé la universidad,
empecé a trabajar
y comencé mi aventura en YouTube,
que tiene un papel importante en esta historia, aunque luego te lo cuento.

Sin embargo, durante este tiempo y a pesar de que en mi vida estuvieran pasando cosas buenas, mi cabeza seguía siendo mi peor enemiga.

Y es que

empecé a odiar el tiempo.

Se volvió mi enemigo.

Yo solo quería que pasase. Que pasase rápido y curarme.

Y mientras tanto, luchaba minuto a minuto
para que se callasen las voces que me atormentaban,
el miedo,
que se acabase el haberme convertido en mi peor enemiga.

Y es que no sabes hasta qué punto me asfixiaba la idea de estar a solas con mis pensamientos.

Era algo que nunca me había pasado.

No era capaz de hacerlos parar.

Aparecían todas las noches antes de dormir.

Una y otra vez.

Para torturarme.

Para cuestionarme.

Para hacerme culpable de todo lo que me había pasado.

Al final, lo que más me duele es que la culpa me ha acompañado durante muchos años, más de los que me gustaría reconocer.

Hablaremos de la gestión de la culpa en el capítulo siguiente.

Mi camino en terapia

Quiero aprovechar este capítulo en el que te he hablado de cómo empezó mi proceso de terapia con mi primera psicóloga para contar cómo fue y sigue siendo mi aprendizaje.

También para hablarte un poquito más de mi historia y traerte hasta el momento presente. Al momento en el que escribo este libro.

¿Sigues conmigo?

Te prometo que poco a poco todo se vuelve más y más bonito.

Como te decía, aquellas primeras diez sesiones fueron solo el principio.

También es importante que tengas en cuenta que esta experiencia es algo personal y puede que no tenga nada que ver con la tuya. Esta, a fin de cuentas, es solo mi historia... Tienes que saber que hay muchos tipos de psicólogos y de terapias.

No te frustres o pierdas la fe porque hayas tenido malas experiencias.

Es normal, hay veces que a la primera no damos con un psicólogo con el que sintamos confianza, o, simplemente, el tipo de terapia que lleva a cabo contigo no te está funcionando.

Y es que no a todos nos sirve lo mismo y, lo más importante, puede ser que nuestras necesidades y requerimientos sean distintos en las diferentes etapas de nuestra vida y eso también está bien.

En mi caso, yo he estado con tres psicólogas diferentes a lo largo de estos casi siete años desde que empecé la terapia.

Con mi primera psicóloga, como has leído en este capítulo, estuve en un programa de diez sesiones gratuitas.

El problema es que, aunque yo en ese momento lo creyese distinto, diez sesiones solo abarcaron cuatro meses de mi vida y no fueron suficientes.

Aun así y por alguna razón, no fue hasta 2019 cuando decidí volver a terapia.

Pasaron dos años.

Durante los que mi vida seguía siendo una montaña rusa de sentimientos y pensamientos. De idas y venidas de la depresión.

Mi cabeza siempre era un caos de pensamientos contradictorios, de no saber qué hacer, de replantearme absolutamente todo.

Estados de ánimo extremos, crisis existenciales.

Siempre me cuestionaba el proceso; no creía en mí misma ni en mis avances.

Estaba claro que no podía con ello sola y yo sabía que necesitaba volver a terapia, pero lo posponía. Ponía excusas para no ir, me autoconvencía de que estaba mejor. Aunque es evidente que no era así.

En esos años conseguí ser más o menos funcional y los episodios de depresión cada vez eran más y más aislados. Y menos dolorosos. En otro capítulo más adelante te contaré lo que he aprendido de la depresión y la ansiedad.

Aun así, notaba que mi estado de ánimo y mi energía eran más bajos de lo normal, que todo me costaba muchísimo más esfuerzo, que cualquier acto cotidiano. Incluso salir a la calle a veces era un reto, pero normalicé vivir así.

**Iba sobreviviendo.
Iba aprendiendo a vivir con depresión.**

Sin embargo, había algo que me dolía muchísimo y es que sentía que la vida se me escapaba, que había empezado a vivir esperando a que las cosas se solucionasen, pero no tenía la energía para cambiarlas activamente.

No me culpo ni me lo reprocho. Todo pasó como tenía que pasar y, como te he dicho y te recordaré más veces durante este libro, hay que ser conscientes de que hacemos lo que podemos con las herramientas que tenemos en ese momento.

La Sara de casi treinta años que está escribiendo esto ahora tiene unas herramientas que la Sara del pasado no tenía.

Solo pensar en mi yo de ese momento me da ternura y me evoca amor hacia mí por todo lo que hice, así que ¿cómo voy a reprocharme nada?

Solo puedo reconfortarme y premiarme por no haberme rendido nunca.

Sé que lo hice increíble.

Pero, sí, me dolía saber que estaba viviendo la vida que siempre había querido, pero no la disfrutaba.

No era capaz de valorar ni de reconocer el mérito de todo lo que conseguía.

Y, no, no me lo creí en ese momento. No me di crédito, no me validé.

Te pongo en situación.

En esos años cumplí muchos sueños, superé muchos retos.

En 2018 hice de YouTube mi trabajo. Lo que llevaba años siendo mi sueño se convirtió en realidad; te prometo que no me lo podía creer. Siento que inconscientemente todos esos años estuve manifestando esta vida, y aquí está.

Durante muchísimo tiempo había fantaseado con la idea de hacer vídeos porque, aunque te lo contaré TODO en un capítulo especial, YouTube, a lo largo de toda esta historia, fue mi *safe space*.

Me sentía segura viendo los vídeos de esas chicas y luego, en mi casa, sin que nadie lo viera, yo los recreaba: hacía *room tours*, enseñaba mi maquillaje... Y quién me iba a decir que años más tarde lo conseguiría.

Que yo iba a ser ese espacio seguro para un montón de chicas y que, además, iba a poder agradecer en persona a aquellas que me ayudaron a mí en mi peor momento.

Esto se siente tan surrealista cuando lo pienso que... WOW.

También viajé como nunca había podido hacer.

Fueron años llenos de lugares, conciertos y experiencias increíbles.

Volví a Seúl un par de veces más, vi a uno de mis grupos favoritos en París y me fui sola a Alemania para ver a otros en un festival.

Hice un voluntariado en Ghana, viajé a Malta y Liverpool gracias a mi trabajo y en todas estas experiencias pasaron cosas muy bonitas, conocí a gente increíble, hice planes que me llenaron el corazón y colmé mi memoria de momentos memorables y preciosos que atesoraré para siempre.

Volviendo al hilo, duele muchísimo saber que tienes que ser feliz y que no lo seas.

Y yo lo era de manera momentánea, o quizá simplemente me esforzaba en sentir que lo era. Pero ahora, al recordarlo, es cuando me hace feliz, mientras que en ese momento no pude disfrutarlo como me hubiera gustado.

Muchas veces ocurre. A lo largo de mi vida me ha pasado estar en ese momento en el que creías que ibas a ser feliz, en el que habías puesto todas tus esperanzas, y no puedes disfrutarlo. Te sientes horrible porque entonces te invade la culpa por no ser feliz.

Curioso, ¿verdad?

Así funciona la depresión.

También viví uno de los momentos más duros, que fue terminar mi relación con Mario.

Nos quisimos muchísimo y a día de hoy sigue formando parte de mi vida.

Pero no fue suficiente.

Nuestra relación empezó en el peor momento de mi vida y siento que, aunque nos esforzamos muchísimo por que funcionase, todo por lo que yo estaba pasando hizo que se desgastase.

Me culpé mucho durante la relación por no ser la novia «que se suponía» que tenía que ser. Por no poder hacerle feliz o por sentir que no lo estaba haciendo.

Por ser una carga.

Por tener depresión.

Por estar triste.

Me culpé por que no funcionase.

Sentí que era la única responsable.

Pero ahora, con los años, los dos sabemos que no fue culpa de ninguno y, a la vez, de los dos.

Al final nadie nos había enseñado a querernos mejor.

Y es que, repito, éramos dos niños en una relación muy difícil.

Bueno, volvamos a mi proceso de terapia.

En diciembre de 2019 decidí buscar otra psicóloga.
Quería una nueva con la que empezar de cero porque en
mi cabeza, aunque el trauma no estaba superado, estaba
calmado, dormido, y sentía que lo que necesitaba en ese
momento era a alguien que me ayudase con todas estas
secuelas y problemas nuevos que me estaban surgiendo.
Que me ayudase a entender todo lo que estaba sucediendo en
mi vida.

Y encontré, por recomendación de una amiga, a una
psicóloga que me ayudó muchísimo.
Con ella estuve casi un año, haciendo sesiones cada semana o
cada dos semanas.
Me ayudó a gestionar mi ruptura con Mario. A hacerlo más fácil.
Me ayudó a entender por qué mi autoestima estaba dañada.
En el siguiente capítulo te cuento más cositas.
Me dio *tips* y consejos para tener una vida más funcional.
Porque en esa época creía que el pasado no me dolía tanto.
Estaba convencida de que eso había quedado atrás y que lo
que necesitaba era solucionar las secuelas que había dejado
en mí.
Sentía urgencia.
Necesitaba curarme ya.
Y es que en este punto ya habían pasado casi cinco años.

Por eso te decía que el tiempo se convirtió en mi enemigo,
porque veía cómo pasaba y yo sentía que seguía igual.
Aunque era evidente que no.

Llegó la pandemia. Y, por suerte, seguimos haciendo terapia
online. Me salvó la vida, la verdad.

Resulta que a principios de enero volví a tener una recaída
y pasé un episodio de depresión bastante duro. En ese
momento, Mario ya no estaba ahí y me sentí tan sola...

Respecto a la pandemia, lo cierto es que según pasaron
los días y gracias a que toda mi familia y seres queridos

estaban sanos, acabó convirtiéndose en un tiempo de calidad en el que pude descansar, ver mi vida con perspectiva y aprovechar el tiempo con los míos.

Y ahí, en ese *break* en el que todo el mundo se paró, tomé una de las decisiones más importantes de mi vida.
Decidí que me quería mudar a Madrid.

Vi ese momento como una oportunidad perfecta para disfrutar de mis padres, para disfrutar de mi hermana, de mi entorno y, después, empezar una nueva vida lejos de la ciudad donde me habían hecho pedazos.

Independizarme era algo que llevaba tiempo queriendo hacer y sabía que no quería hacerlo en Burgos, porque no quería vivir en la ciudad en la que seguía sintiendo miedo. Y en la que cada rincón era un recordatorio de la tortura que había sufrido.

Había bastantes cosas que me frenaban y muchos miedos que no me dejaban dar el paso.
Pero durante la pandemia lo vi claro. Algo hizo clic en mí. Busqué piso sin mucho éxito, hasta que un día lo encontré. No lo dudé.
Y así es como decidí que, en cuanto abriesen las fronteras, me iba a Madrid.

Sentí que el empezar de cero solucionaría mis problemas.
Pero esa sensación duró muy poquito.
Y es que me mudé sola, en medio de una pandemia y con depresión a otra ciudad lejos de mi familia, sin poder verlos apenas, a una casa en la que iba a estar sola con mis pensamientos todas las horas del día y con un montón de miedos sin solucionar que en algún momento reaparecerían.

El verano lo sobrellevé bien, la verdad.
Es mi época favorita del año y pude ver a mi familia, viajé con mis amigos, me fui de vacaciones con mi hermana...

Hice más planes fuera de casa con mis amigas.
Y bueno, los problemas seguían ahí, pero yo estaba distraída, así que no los escuchaba.

Como seguía haciendo terapia con mi psicóloga, tenía la falsa sensación de que todo estaba bajo control y de que me estaba haciendo responsable de mi vida. Me sentía bien.

Ella ya me había advertido de que iba a ser un cambio muy grande y duro, y que probablemente después de la emoción y la euforia de los primeros meses vendría el bajón.
Y así fue.

Llegó septiembre y, con él, uno de los episodios depresivos más fuertes que recuerdo hasta el momento. Uno que duró muchos meses.
Y es que estaba sola.
Y me sentía taaan sola.
Y todo, absolutamente todo, hasta el acto más cotidiano, se me hacía un mundo.
Recuerdo empezar a desarrollar miedo a salir a la calle.
Me acuerdo de ir a la farmacia y ponerme a llorar.
No sabía manejar mi vida.
Empecé a obsesionarme con la comida.
Empecé a darme atracones.
Gané diez kilos en menos de seis meses.
Empecé a odiar mi cuerpo.
Dejé de salir a la calle por vergüenza.

La vida como yo la conocía se desmoronó por completo.

Me dejé llevar por la tristeza más desoladora y caí.
Caí en lo más profundo.
Empecé a no encontrarle sentido a nada.
Casi abandoné mi trabajo en redes porque la ansiedad no me dejaba trabajar.
La tristeza era tan sobrecogedora que no podía ponerme delante de la cámara.

Odiaba verme en pantalla y le desarrollé miedo.
Sufrí episodios de dismorfia corporal.
Y la ansiedad hacía que siguiera comiendo más y más.
Y más culpa.
Y más sentimiento de autodestrucción y autosabotaje.

Es complicado, porque sientes que tienes el control, pero en realidad no es así.

Y ahí fue cuando me di cuenta de que necesitaba cambiar y buscar a otra psicóloga.
La mía estaba haciendo un trabajo increíble, pero al final la terapia que llevábamos solo trataba temas del día a día.
Por así decirlo, estábamos tratando las consecuencias de mi trauma.
Yo lo había elegido así, ¿recuerdas?

Pero si quería curarme, tenía que sanar el trauma, tenía que solucionar la raíz de todos esos problemas.
Aunque me llevase más tiempo, aunque el camino fuese más difícil.
Había buscado un atajo rápido para sentirme mejor.
Y lo que había conseguido, lejos de sentirme bien, era un descontrol en todos los aspectos de mi vida.
No podía seguir así.
Ese fue uno de los puntos de inflexión más importantes en mi camino.

Muchas veces necesitas sentir un dolor muy grande para realizar el cambio, un vuelco brusco que te haga reaccionar y así cambiar tu vida.

Y ese fue el mío.

En ese momento, a principios de 2021, viví tres cambios importantes que sin duda me ayudaron muchísimo a volver a encontrar el camino.

El primero, y por el que me siento *blessed* y feliz, es que conocí a la que ahora es mi persona favorita del mundo: mi novio, Dani.

Apareció sin buscarlo, y se quedó.

No era mi mejor momento, ya lo sabes. De hecho, estaba siendo uno de los peores, pero no tenía miedo a volver a conocer a alguien.

Nunca lo he tenido.

Siempre he sentido que, cuando la vida te pone delante a una persona con la que quieres compartirlo todo, no hay nada que dudar.

Y cuando le vi, cuando poquito a poco fue formando parte de mis días, no lo dudé.

Mucha gente me dice que tengo suerte por haberlo encontrado, por lo increíble que es conmigo, por lo bien que me trata, por la relación tan sana y bonita que hemos construido.

Lo que la gente no sabe es que no todo es suerte.

Sé que he hecho todo lo posible, que he luchado día tras día, en muchas ocasiones contra mí misma y mis demonios, para crear una relación sana basada en la confianza, en la comunicación, en tener conversaciones incómodas, en el respeto, las ganas de estar juntos, una relación sin miedos, sin reproches.

Y es que, al sanar, el amor se siente tan diferente...
Se construye de una manera tan pura...

Te podría decir que es el amor de mi vida, sin dudarlo.
No me da miedo lo que pase mañana.
Le amo como nunca había amado a nadie.
Y ya paro, porque me pongo ñoña y perdemos el hilo.

Los otros dos grandes cambios vinieron de la mano de mi amiga Jaz. (T. K. ☺).
El primero fue irnos a vivir juntas.

Estar sola en una casa tan pequeña me estaba consumiendo y compartir piso con ella fue un soplo de aire fresco. Lo necesitaba tanto...

Fue una oportunidad increíble para disfrutar mi tiempo con una de mis mejores amigas, ayudarnos la una a la otra en nuestros procesos de sanación y no sentirnos solas.
Sin duda, ha sido una de las mejores cosas que me han pasado en la vida.

Y el segundo fue conocer a su psicóloga.
La mejor decisión de mi vida.
Jaz siempre me contaba todo lo que habían avanzado juntas, y solo por lo ilusionada que me hablaba de ella sabía que iba a merecer la pena.
Y esa corazonada se cumplió.
Jenni es una de esas personas a las que siempre le estaré agradecida.
Hoy en día seguimos juntas en terapia y gracias a ella mi vida ha cambiado.

Empezamos de cero, desde el principio.
Pasito a pasito y sin prisa.
Sabía que iba a ser un camino difícil, pero que era el momento de afrontarlo.

> **Siempre confío en que las cosas llegan cuando tienen que llegar, en el momento en el que tienes las herramientas para afrontarlas.**

Y que hay mensajes que quizá hayas oído muchas veces y no has sido consciente de ellos, hasta que un día estás preparado para escucharlos, resuenan en ti y hacen clic.
Siempre lo comparo con ir superando niveles, como si fueran pequeñas puertas que se van desbloqueando a medida que vas pasando por ciertos aprendizajes.

Pero si no has pasado por ellos, puede que ese mensaje simplemente pase de largo porque no sea tu momento.

Todo esto está bien, no hay que frustrarse ni agobiarse en el proceso. Sé que es difícil, sobre todo si llevas años y años luchando y sientes que no avanzas, pero te prometo que, sí, que progresas.

Solo que cuando estás en medio del camino es difícil verlo con perspectiva. Pero llega un día en el que sí ercs consciente de todo lo que has recorrido y de que estás sanando.
Te lo prometo.
Y te lo agradecerás, y te sentirás orgullosa de ti misma por haber llegado hasta ahí.
Aunque quede un trecho por recorrer.

> **Estás en el camino.**
> **Estamos juntas en esto.**

Estos dos primeros años de terapia, 2021 y 2022, se convirtieron en los más difíciles de mi proceso de sanación.
Recuerda que la sanación no es lineal.
Aunque te adelanto una cosa que leerás en los próximos capítulos: fueron los años en los que mi vida cambió.
En 2022 tuve uno de los puntos de inflexión más importantes de todo mi camino y en el que mi cabeza, mi corazón, mi autoestima y mi vida cambiaron.
Conseguí volver a ser yo.

Las sesiones de terapia eran muy intensas, pero supersanadoras.
Según mis necesidades, mi psicóloga iba trabajando de manera paralela en sanar mi trauma y, a la vez, trabajar todas esas secuelas del presente que no me dejaban avanzar.
Y te prometo que notaba los pequeños cambios día a día.
Poquito a poco aprendí a ser más consciente de las cosas que

me dolían. Empecé a conocerme mucho mejor a mí misma, y eso, sin duda, me ayudaba a poner el foco en la verdadera razón de mis problemas y salir antes del dolor.

También aprendí a ser más comunicativa con los demás, a poner límites en mis relaciones, a priorizarme.

A cuidarme y no ser tan dura conmigo misma.

A conocer las señales de la ansiedad, entender que están ahí por algo y a escuchar qué quieren decirme. Y lo mismo con la depresión.

Lentamente fui entendiendo el proceso y comprendiéndome.

Las sesiones más duras, sin duda, eran las que trataban de mi pasado. Había cosas que nunca había verbalizado en voz alta, ni siquiera con mi primera psicóloga, pero como ya leíste al principio, nunca he tenido miedo. Mis ganas de luchar y de superarlo siempre han podido con todo.

Y después, estaban las sesiones en las que trabajábamos en mí.

En mis miedos, en mis inseguridades, en mis problemas de autoestima.

En mi relación con los demás.

Tuve que hacer muchísimo trabajo de introspección para llegar a conocerme.

Para poder entenderme.

Abrazando todo lo bueno y también lo malo.

Fueron años de derribarlo todo y empezar de cero.

De romper todas mis creencias.

De superar el trauma.

Y de empezar uno de los proyectos más importantes de mi vida:

EL CAMINO DE QUERERME A MÍ MISMA.

Hay un capítulo entero dedicado a esto.
Porque te prometo que este camino merece la pena.
Pero en este momento de mi vida había algo atascado en mí
que no me permitía avanzar.
La culpa.

Ahora te toca a ti

♥♥♥♡♡♡♡♡

Hay un ejercicio que me parece superbonito y que a mí me ha ayudado un montón para los momentos en que quizá estés siendo injusta contigo misma, te estés hablando mal o sientas culpa por algo que no supiste hacer en el pasado. Es muy fácil y seguro que te va a ayudar un montón.

Piensa en ti cuando eras pequeña.
Si te ayuda, coge una foto tuya y tenla presente en algún lugar de tu casa.
Piensa que a la que le estás hablando mal, con la que estás siendo mala, es con esa niña.
A veces es duro, pero es muy sanador.
Y cuando tomas consciencia de la niña que hay en ti, la que tiene miedo, la que también está sanando, eres más gentil contigo misma.
¿Cómo te sientes después de conectar con la niña que fuiste? Utiliza este espacio para escribir o dibujar las ideas y sensaciones que te hayan venido mientras hacías el ejercicio.

Capítulo cuatro

De la culpabilidad a quererme

La culpa siempre ha estado ahí.
Solo que no siempre supe verla

A veces creía que se había ido, pero no era cierto: ahí estaba la culpa.

Y hasta hace bien poquito, ha sido uno de los mayores pesos que he arrastrado.

Es normal, y bastante común, que en personas que hemos sufrido abusos o maltrato permanezca el sentimiento de culpa, de responsabilidad, de que podías haber hecho algo. No es algo que pienses de manera consciente. Es una creencia que se nos ha inculcado y de la que luego es muy difícil desprenderse.

Durante toda mi vida he oído cómo se ha culpabilizado y estigmatizado a las víctimas de maltrato como mujeres tontas que perdonan una y otra vez, mujeres que sabían dónde se estaban metiendo... En definitiva, mujeres que se pueden ir y no se van y, por tanto, se lo merecen. Mujeres que tienen la culpa de lo que les pasa casi en la misma medida que su maltratador.

Y yo, aun sabiendo por lo que había pasado, de manera inconsciente asumí esa creencia como verdadera.
Me lo creí durante muchos años.

Me acuerdo de que, en terapia, mi primera psicóloga me puso un ejemplo que me gustó mucho:
—Sara, si un ladrón entra en tu casa, te apunta con una pistola y te pide que te arrodilles, tú lo vas a hacer. Porque estás en peligro, tu vida está en juego y todo lo que hagas, lo harás para salvarte.

Aun así, y aunque ese ejemplo me sirvió mucho, en ese momento no llegó a calar en mí.
Y seguí culpándome por lo que me había pasado.

Es muy fácil y tremendamente injusto pensar en lo que podrías haber hecho desde el presente en el que te encuentras ahora, como olvidando a la que fuiste en un momento en el que no tenías otra opción ni otras herramientas para sobrevivir.
Pero, cuando eso pase, cuando estés tentada de caer en estos pensamientos incriminatorios hacia tu yo del pasado, debes tener claro que hiciste lo que pudiste con los recursos que tenías en ese momento, que, fueran buenos o malos, eran los únicos que conocías.
Yo hacía siempre ese trabajo mental y ese esfuerzo por pensar en mí, una niña de quince años que hizo lo que pudo de la manera que supo.
Pero me costaba tanto…

El problema de sentirte culpable es que ataca directamente a tu autoconcepto como persona.
Y yo siempre tenía los mismos pensamientos:

Soy un ser despreciable.
Doy asco.
He sido capaz de hacer cosas horribles que ni me atrevo a contar.
También he dejado que me las hagan.

Yo misma me las he hecho.

No soy buena persona.

He visto en mí misma la cara más oscura del ser humano.

No tengo dignidad.

Ni orgullo.

¿Cómo voy a amarme si me he maltratado?

¿Cómo me va a querer alguien?

¿Cómo voy a poder querer a alguien?

Es desolador verlo escrito, ¿verdad?

Pues imagina llevarlo dentro durante años y años como un hilo musical molesto del que no te puedes desprender.

Te confieso que he arrastrado estos pensamientos hasta el año pasado.

Durante mis idas y venidas de terapia, desde 2016 hasta 2021, cuando encontré mi psicóloga actual (y a la que le debo la vida), puse el foco en superar el trauma de mi relación de maltrato.

Y no solo no lo conseguí, sino que me perdí a mí misma por el camino.

Ir a terapia es algo maravilloso, pero tenemos que ser conscientes de que, repito, no todos los psicólogos nos van a ayudar igual.

También, supongo, quiero creer que todo llega cuando tiene que llegar y, como te he dicho antes, hay mensajes que, aunque hayas escuchado un millón de veces, se instalan en ti cuando es el momento.

Y yo recuerdo perfectamente cuándo fue el mío: el 26 de abril de 2022.

Como te he contado en el capítulo anterior, empecé una terapia nueva. Si te interesa, te recomiendo que sigas a mi psicóloga en Instagram. La puedes encontrar como <@psicosaiz>.

Aparte de deberle la vida en general, tengo que hacerle un

agradecimiento especial llegados a este punto. Este capítulo, que espero te sirva al menos una décima parte de lo que me sirvió a mí todo este aprendizaje, no podría haberlo escrito sin ella. En esta sección, explicamos cómo fueron nuestras sesiones, cómo gracias al EMDR enfocado a sanar por fin la raíz de mis problemas, un año más tarde, logré algo que sentía que nunca llegaría: superé mi trauma.

Voy a darte solo una pincelada de lo que es esta técnica, pero te invito a que, si te interesa, investigues tú misma un poco más acerca del tema. Al final del libro te dejo unos artículos que puedes mirar.

¿Qué es EMDR?

El término «EMDR» viene por las siglas en inglés de *Eye Movement Desensitization and Reprocessing*. Es una técnica psicoterapéutica que se basa en los movimientos de los ojos y la estimulación táctil y auditiva del paciente para eliminar problemas emocionales derivados de experiencias traumáticas. Esta terapia nos ayuda a sanar esos traumas y a desbloquear y superar emociones o acontecimientos tan dolorosos que nuestro cerebro no ha sido capaz de asimilar y, por tanto, se habían quedado atascados en nuestro sistema nervioso.

El EMDR se basa en que no hay nada que no pueda superarse de modo profundo y completo.

Con Jenni, lo primero que empezamos a tratar fue qué situaciones de mi vida o qué otras cosas me interesaba trabajar para, a partir de ahí, analizar cuáles eran mis creencias. Al final, lo que hace el EMDR es ver qué es lo que has aprendido a través de estas experiencias.

Por ejemplo, algunas de estas creencias pueden ser: «No puedo estar bien, estoy en peligro». «Yo soy la responsable y la culpable de todo». Lo que hace el EMDR es conectar el hemisferio izquierdo con el derecho a través de la estimulación bilateral, el movimiento ocular o la mariposa, es decir, mover los ojos de lado a lado o darnos toques en los hombros izquierdo y derecho al ritmo.

Se dice que cuando existe una experiencia de trauma o herida, esta se queda en el cerebro, y con esta estimulación se pretende integrar la emoción con el pensamiento, porque muchas veces lo que ocurre con un trauma es que se queda el impacto emocional y de ahí una creencia. Por ejemplo, tras mi experiencia de maltrato: «Yo nunca voy a poder salir de esto».

Pero no es cierto que no pude salir de ahí, así que lo que hicimos fue crear una creencia positiva: «Voy a poder salir».

Volvimos a estructurar desde el presente esa creencia a través de esta estimulación.

Y así con todas las creencias limitantes y que hacían que no pudiera avanzar.

Con esto lo que conseguimos es hacer visible el trauma, esos recuerdos que parecían insuperables, con distancia y sin ningún malestar ni sensación negativa.

Poco a poco, y gracias a la constancia y al esfuerzo, conseguí recordar mi pasado sin la carga emocional y dolorosa. SUPERÉ MI TRAUMA.

Quiero que recuerdes que el trauma siempre va a estar ahí. No podemos cambiar el pasado, pero superarlo hace que seamos conscientes de que ha existido, pero que no siga doliendo, que la carga emocional cambie.

Al final, es una herida que sí puede cicatrizar. Y que con mucho tiempo y esfuerzo podrás sanar.

En mi caso, han hecho falta siete años y varios profesionales de la salud mental.

Y aunque el camino ha sido muy difícil, no me arrepiento de nada.
De verdad, merece la pena.

Para cerrar esta parte de mi historia, quiero contarte algo.

Cuando superas un trauma como el mío, que viene de la mano de alguien que te lo creó,
de una persona culpable,
de una persona que te rompió,
son muchos los miedos y las preguntas que surgen después.
Y escucharás a muchas personas decirte lo que tienes o no tienes que hacer.

Yo no le he perdonado, ni le quiero perdonar.
Y eso es algo que decido yo.
Y quiero decirte que tú también puedes decidir si te has visto en una situación parecida.

Durante todos estos años, siempre me ha parecido superinjusto que él pudiera seguir su vida como si nada hubiera pasado.
Sin dolor, sin consecuencias.
Y que yo haya tenido que empezar de cero en más de una ocasión.
Que tenga que seguir luchando casi con treinta años, quince años después de que pasara.
Cuando él ha sido el culpable de todo y el único responsable, pero aun así soy yo quien pague el resto de mi vida.

No te sientas mal por no perdonar.
No te sientas mal por elegir no perdonar.
Eso no te va a hacer ni mejor ni peor persona.
Ni es la única liberación.
Ni te va a hacer avanzar.
Puedes pasar página igualmente.

Tú y solo tú eliges.
Y ambas cosas están igual de bien.

En mi caso, elegí no hacerlo.
De manera racional, elegí no quitarle la culpa ni la responsabilidad.
Yo sí me sentí mal por ello y con mucho miedo de que se convirtiera en un lastre en mi vida que no me dejase avanzar.
Pero no fue así.
Elegí amarme y respetarme a mí misma.
Elegí darme el lugar que me corresponde.
Elegí darme el valor que me merezco.
A mí y a la Sara de quince años, que tanto me rompe en pedazos cada vez que pienso en ella.
¿Perdonar a alguien que me destrozó la vida?
Me dolería hacerlo.
Y no lo voy a hacer.

¿Sabes lo que sí pasó al superar el trauma?
Que puedo pensar en él y recordar mi vida sin sentir tanto dolor.
No puedo hablarte de indiferencia.
No puedo decirte que ya nada duele
y que los sentimientos son todos maravillosos y positivos.

Pero sí he podido abrir una puerta que no quería abrir a los recuerdos bonitos.
He podido darme cuenta de que mi vida no se detuvo.
Y he logrado abrazar lo bueno que pasó en esos años sin la mancha de oscuridad que producían los recuerdos negativos.

Amor propio y autoestima

Superar el trauma significó para mí hacer las paces conmigo misma.
Me ayudó muchísimo a la hora de tratar la culpa y la autoestima.

Y es que, como ya te he dicho, hay mensajes que llegan cuando tienen que llegar.
Y que no te tienes que culpar por no haberlo interiorizado antes; solo tienes que confiar en el proceso, en que todo llegará.

En mi caso, llegó, y lo hizo pocas sesiones después de reconciliarme conmigo misma.
Hubo algo que hizo una conexión en mí, que provocó que toda mi mente y la percepción de mí misma cambiasen como nunca antes lo habían hecho.
Esta vez fue mi psicóloga la que me dijo:

> «Sara, no te tienes que culpar por lo que dejaste que te hicieran, no tienes que sentir que te humillaste, que no te cuidaste o que no te quisiste bien; al revés, piénsalo como el acto de amor más puro que pudiste hacer por ti misma. Tu vida corría peligro y tú hiciste siempre lo que pudiste para salvarte. Todo eso que hiciste, lo hiciste por ti, valórate».

¿Sabes cuando tu cabeza hace clic?
Pues noté que la mía lo hacía en el mismo momento en que ella me dijo estas palabras.
Te prometo que fue un instante que puedo identificar perfectamente. Y desde ese día mi vida ha cambiado.

A partir de ese momento, mi autoconcepto mejoró.
Ya no era alguien que se valoraba tan poco que había dejado que la humillasen; ya no era alguien sin dignidad, que no se había querido bien nunca.
Era alguien que lo había dado todo por protegerse.
TODO.

Fue el acto de amor más grande que nadie había hecho ni hará por mí.

Aun así, no quiero que pienses que el llegar a quererse a una misma sin medida pasa de la noche a la mañana ni que hay fórmulas mágicas o un botón que, si lo pulsas, transforma el concepto que tienes de ti, que de repente te quieres y valoras como mereces.

Por supuesto que no.

Como tantas cosas que valen la pena, el amor propio y la autoestima son temas muy complejos que requieren trabajo y constancia. Son carreras de largo recorrido y, en muchas ocasiones, nos lleva toda la vida alcanzar esa meta.

Así que, antes de acabar el capítulo, me gustaría explicarte lo que sé y lo que sigo aprendiendo acerca de este camino, porque cada vez tengo más claro que no se acaba nunca. Aunque más adelante hablaremos de esto de una manera más profunda, personal y actual, me gustaría dejarte por aquí unas pinceladas para que empieces a ser consciente de todo lo que engloba la autoestima, te vayas formando tu concepto sobre ello y lo trabajes hasta llegar a los siguientes capítulos.

Seguro que estás acostumbrada a que, cuando escuchas hablar de la autoestima, esté relacionada unidireccionalmente con la imagen de una persona. ¿No has oído nunca frases como: «Esa chica, con lo guapa que es, ¡qué autoestima tan baja tiene!»? O, por el contrario: «Esa persona tiene sobrepeso, pero mira qué autoestima más grande tiene».

Ambos juicios de valor están expresados desde la sorpresa o la incredulidad como si la cuestión del físico fuera intrínsecamente de la mano con la autoestima y, cuando ambos conceptos no «concuerdan», resulta difícil de entender. La autoestima engloba muchas cosas y puede verse dañada por un montón de factores; por supuesto, va mucho más allá de tu imagen física, aunque también forme parte de ella. Y esto es algo que me enseñó mi segunda psicóloga.

Te voy a contar los cuatro pilares básicos de la autoestima y cómo trabajarlos día a día:

Autoconcepto
¿Qué piensas de ti misma?

El autoconcepto es así de simple: qué piensas de ti misma, cómo te definirías, qué imagen tienes de ti. ¿Te gustas? Básicamente, qué concepto tienes de ti como persona. Esta parte es importante porque, dependiendo de eso, va a influir en cómo nos tratamos, nos hablamos, nos cuidamos. Puedes reconfortarte, hablarte como a una amiga, mimarte. O, por el contrario, puedes criticarte, exigirte, hablarte mal.

Autoeficacia
¿De qué eres capaz?

La autoeficacia también se puede definir en la confianza que tienes en ti misma a la hora de enfrentarte a un reto o situación desconocida y a la convicción de que lo vas a lograr. Al final, cuando conseguimos hacer algo a lo que no nos atrevíamos, cuando rompemos la creencia de que no somos capaces de conseguir algo, nuestro autoconcepto mejora. Y esto va a hacer que, si nos creemos capaces y confiamos en nosotras, nos sintamos seguras de que vamos a alcanzar nuestros objetivos. Tener una buena autoeficacia nos va a ayudar a luchar por nuestras metas.

Autoimagen
¿Te gusta lo que ves de ti?

La autoimagen es la parte de la autoestima que la mayoría de las personas, como te decía antes, confunde con la totalidad de la autoestima.
Nuestro cuerpo, nuestro físico, nuestra imagen. Cómo nos vemos. Cómo nos sentimos en nuestro cuerpo.
¿Te gusta la imagen que ves de ti?
La autoimagen que tengas puede estar relacionada, y seguramente lo esté, con factores externos a ti misma, como la época en la que vivimos, las modas o las relaciones que hayas tenido en el pasado con otras personas y tu cuerpo.
Al final, el vínculo y la relación con nuestro cuerpo y nuestra imagen están condicionados por todos estos factores, por lo que trabajarlos es superimportante.

Autorrefuerzo
¿Te reconfortas, te premias?

Cómo te hablas, cuánto tiempo te dedicas a ti.
El *self-care* del que tanto hablamos, esos mimos, esos autocuidados están aquí.
En el autorrefuerzo.
Premiarte cuando haces algo bien, hablarte con palabras bonitas, admirarte, darte valor es muy importante.
Y sin darnos cuenta, no somos conscientes de ello.
Vivimos con nosotras mismas.
¿A quién tienes que querer más que a ti?
Tienes que aprender a reforzarte cuando haces las cosas bien, darte crédito, entenderte.
No ser injusta contigo misma.

Ahora te toca a ti

♥♥♥♡♡♡♡♡

La práctica de hacer *journaling* y llevar a cabo un diario de gratitud es algo de lo que te hablaré más adelante. Pero aquí te dejo un pequeño espacio para que hagas tus primeras pruebas y vuelvas a este momento de tu vida cada vez que abras el libro.

Para continuar con la práctica y darle constancia, deberás hacerte con un cuaderno y anotar todos los días al despertar y al acostarte:

A. M.:
- Algo que te guste de ti.
- Algo que vas a hacer para ti ese día (*self-care*).

P. M.:
- Algo de lo que fuiste capaz de hacer ese día.
- Alguna parte de tu cuerpo por la que estás agradecida.

Puedes cambiar según el día a:

A. M.:
- ¿Qué vas a hacer hoy para mejorar tu autoimagen, la forma en la que te ves y te percibes?
- ¿Cómo te vas a mimar hoy?

P. M.:
- ¿Qué he hecho hoy de lo que me sienta orgullosa?
- ¿Con qué adjetivo me defino hoy?

Capítulo 5

¿Quién soy?
¿Quién quiero ser?

*Fue duro no saber quién era, pero conocerme ha sido
la mejor decisión de mi vida*

Cuando pasas por un proceso como por el que pasé yo, tu identidad se convierte en algo muy abstracto, ambiguo y volátil.
Y probablemente, algo confuso con lo que no te sientes representada.
O quizá ni reconoces esa representación.
Porque no te conoces a ti misma.
No has tenido ese derecho vital de hacerlo.

Puede que sin haber pasado por algún desencadenante traumático hayas llegado al mismo punto que yo, a esa crisis existencial, en la que no sabes quién eres.
O que no te gusta lo que eres.
Y eso también está bien.
Al final es importante replantearse esto a lo largo de nuestra vida, no solo quién eres, sino quién quieres ser. Cambiar y evolucionar es parte del proceso vital y es maravilloso.

Pero empiezo por el principio.

¿Quién soy?

Esta pregunta, a lo largo de todos estos años, ha sido una de las que más se ha repetido en mi cabeza y, sin duda, una de las que más me atormentaban.

Yo no he tenido una adolescencia en la que forjar mi personalidad.
En la que saber lo que me gusta, en la que cometer errores, aprender a base de equivocarme.
En la que dedicarme tiempo, escucharme de verdad, entender lo que quiero.

Yo simplemente llegué a los veintidós años sin saber quién era; había asumido quién se suponía que era o quién se suponía que debía ser.
No me conocía.
Y lo que sabía de mí, de mis creencias, mi autoestima y mi autoconcepto, era doloroso y erróneo, y tenía que crearlos de nuevo sin saber bien cómo.
Te hablaré de eso más adelante.
Por supuesto, era consciente de algunos de mis gustos de manera superficial o de aficiones.
Pero a la hora de tomar decisiones, de encaminar mi vida, de reconocer qué quería o qué no en mi vida, a la hora de relacionarme con el resto, mi cabeza caía en el caos.

En esos momentos no era consciente, pero ahora sé, después de todo este camino, que esto se debía a varios factores de los que te voy a hablar a continuación.
Te invito a que los exploremos juntas en las siguientes páginas.

Y recuerda: quizá este no sea tu momento y también estará bien.

¿Soy así o es mi trauma?

Durante mucho tiempo, esta pregunta es la que más presente estaba en mi cabeza sin ninguna duda cuando me replanteaba mi identidad.
¿Soy así o es mi trauma?
Por ejemplo, al experimentar emociones que nunca había sentido.

Cuando me he sentido insegura y he tenido un ataque de celos, siempre lo he interpretado como una secuela de mi trauma. Como algo que, una vez que trabajase en ello, no formaría parte de mi personalidad, sino que sería una característica adquirida a raíz de mi trauma y la falta de autoestima que esto me había ocasionado.
Pero la gran pregunta era: ¿y si no es así?
¿Y si yo soy una persona celosa?
¿Y si soy una persona posesiva?
¿Y si no lo puedo cambiar?

Esto me pasaba, sobre todo, con todas esas actitudes que no me gustaban de mí. Con aquellas con las que no me quería sentir identificada porque no quería ni sentir ese malestar, ni ser esa persona, ni hacer un daño parecido a los demás.
Me causaba mucha angustia porque creía que si descubría que era algo intrínseco en mí que simplemente nunca había tenido la oportunidad de descubrir, no iba a poder cambiarlo jamás. Y eso me llenaba de dolor.

Con los años, me di cuenta de que todo lo que somos puede cambiar.
Que no existe el «soy así y ya está».

> **Si hay algo que no te gusta, si hay algo que te hace daño, puedes trabajar para cambiarlo. Es cuestión de revisar nuestro sistema de creencias y valores.**

Si te interesa, al final te dejo unas recomendaciones de libros que hablan sobre estos temas. Seguro que te encantan; a mí me han cambiado la vida.

Todo en lo que creemos, nuestra personalidad, nuestros juicios, todo, viene dado por unas experiencias vitales.
Lo importante es reconocer de dónde vienen esos comportamientos, ir a la raíz del problema y entenderlos para poder solucionarlos y cambiarlos.
Requiere tiempo y esfuerzo,
pero se puede.

Y siempre, aunque cueste, va a ser mucho más sano ser capaz de ver de dónde vienen esas actitudes que no nos gustan, ya no solo para poner ahí el foco, sino para hacernos responsables de ellas.

Por otra parte, había otras actitudes que quizá no me causaban tanto malestar porque yo era la única afectada y no les daba importancia; pero, en cuanto me di cuenta de dónde venían, vi el daño que me estaban causando.
Por ejemplo:

- Ser una persona servicial que quiere complacer a todo el mundo.
- Estar ahí siempre para los demás.
- Priorizar al resto antes que a mí.

Hubo un momento en mi proceso en el que me di cuenta de que todo esto no era yo, sino las consecuencias que habían dejado mis vivencias.
Hasta entonces, todo lo anterior, que son ejemplos reales, los consideraba cualidades mías o parte de mi forma de ser.
Y es que quizá, tal y como están redactadas, parecen buenas.
Pero también significan:

- No saber decir que no.
- No saber comunicarme.

- Priorizar las necesidades de los demás antes que las mías.
- No poner límites.

Y estos se basaban en el miedo y en la inseguridad.
Cuando no te quieres y no te valoras, no entiendes cómo los demás sí lo van a hacer.
Tienes miedo al abandono, a ser reemplazable, a no sentirte especial.
Y haces todo lo posible por complacer al resto para que se quede.

Ahora, al reconocerlos y ser consciente de que esa parte de mí existe, poco a poco he ido consiguiendo herramientas para superarlos y trabajar en ellos reforzándome y dándome valor.
Trabajar la autoestima ha sido superimportante para mí en este punto y te invito a que tú también explores, te informes o incluso acudas a un profesional si te identificas con algo de lo que te acabo de explicar, si sientes que son temas que te hacen sufrir y te gustaría mejorar para vivir más en paz.

La depresión y la ansiedad

Durante todo este tiempo, no siempre fui capaz de identificar que, en mi cabeza, había veces que yo no tenía el control.
Y que esas voces que me hablaban no eran la mía.
No era Sara.
A veces vivía controlada por la depresión, y otras, por la ansiedad.
Puede resultar confuso, lo sé, porque para mí también lo ha sido.

Ahora soy consciente de cuándo habla mi depresión y cuándo lo hace la ansiedad.
Y tengo las herramientas para saber por qué aparecen y qué quieren y, por tanto, puedo salir más rápido del estado al que me inducen.
Ahora puedo hacer ese esfuerzo y es agotador, sí. Pero al menos tengo el poder de entender por qué me pasa esto.

Porque es que antes no era capaz de identificarlo.

Yo me identificaba con la depresión.

La depresión era yo y, entonces, todos los pensamientos tristes y derrotistas, todos los mensajes negativos y autodestructivos producto de la depresión, me los quedaba como míos.

Y no era así.

Ahora lo sé.

Ahora sí tengo las herramientas y la fortaleza para darme cuenta de cuándo la depresión habla por mí.

Además, le doy ese lugar, la dejo hablar, la dejo desahogarse, pero ahora siendo consciente de que esa no soy yo.

Y que esto pasará.

Que nada de lo que dice es real.

Pero he necesitado ocho años para conocerla.

Y es que me ha acompañado durante todo este tiempo de manera intermitente.

Aunque la conozca, no puedo evitar que vuelva de vez en cuando.

A finales de 2022 volví a ella, y ella volvió a mí.

Sentí tantísimo dolor que actué lo más rápido posible e hice todo lo que estuvo en mi mano, en cuanto pude, para salir de ese bucle.

Pero eso a veces no es posible.

He tenido temporadas en las que ha estado conmigo meses y meses, incluso años enteros.

Y cuanto más tiempo pasaba, más costaba separarla de mi identidad.

La depresión es una enfermedad mental muy jodida por la que me he sentido desgraciada mucho tiempo de mi vida.

Siempre me ha parecido algo superinjusto después de todo lo que he vivido.

Al final lo he sentido como algo de lo que no tengo el control, pero que hace que, por muy bien que me vaya la vida y por mucho que me quiera y me valore, me sienta en un estado de apatía hacia el mundo, hacia la vida y hacia mí misma.

Es una tristeza que te consume y que no te deja vivir.

Que hace que los días sean una mierda,
que te empuja a cuestionar toda tu existencia
y que te sientas la persona más desdichada del universo.
Por mucho que quieras, no siempre sabes salir de ella.
No pasa nada.
Si te sientes así, pide ayuda, por favor, no estás sola.
Y todo pasará.

Por otro lado, está la otra cara: la ansiedad.
Si a la depresión la denominan el exceso de pasado, a la
ansiedad se la conoce como el exceso de futuro.
Ilusa de mí, he vivido todos estos años pensando que no
sufría ansiedad.
Y es que la identificaba únicamente con tener ataques de
pánico, nerviosismo, taquicardias...
Nunca había sido consciente de que llevaba toda la vida
sufriendo ansiedad. Solo que la había normalizado tanto
que había aprendido a convivir con ella y no escuchaba sus
señales.

Cuando lo pienso ahora, me doy cuenta de todas las maneras
en las que la ansiedad se ha estado manifestando en mí, y es
ahora cuando estoy empezando a identificarla:

- Pensamientos intrusivos.
- Miedo a ir a sitios que no conozco.
- Miedo a salir de casa.
- Miedo a ir a sitios sola.
- Sobrepensarlo todo.
- Pensar siempre en los peores escenarios posibles.
- Imaginarme las cosas antes de que pasen.
- Ponerme siempre en lo peor.
- Somatizar enfermedades.

Y con la ansiedad, lo mismo que con la depresión: es
importante conocerla y saber que está ahí para poder
superarla poco a poco.

No hay que olvidar que este es un mecanismo de defensa de tu cuerpo ante estímulos que le parecen amenazantes o peligrosos.
No quiere que asumas riesgos ni que salgas de tu zona de confort.
Te quiere proteger.
Así que escucharla y entender qué la ha ocasionado y por qué está ahí es muy importante.

Hace unos meses leí un libro en el que comparaban la ansiedad con un gran ovillo de lana desordenado y confuso, y te animaba a tirar de la cuerda para ver qué pasaba.
Hablaba también de que, después de enfrentarte a ella, es muy importante darte crédito por ser valiente.
Hace falta valor para enfrentarte a las cosas que no entiendes dentro de ti.

En mi caso, la ansiedad ha estado presente en momentos en los que, por ejemplo, iba sola a un evento, o al aparcar en un aparcamiento nuevo, al coger una llamada de teléfono o al salir a hacer la compra.
Se encargaba de actuar y hacerme sentir vulnerable al hacerme creer que podían darse situaciones horribles y al darme razones por las que no hacer ciertas cosas.
Y durante mucho tiempo le di mucho poder por no saber enfrentarla.

Es difícil; yo también lucho día a día contra ella y, sobre todo, es agotador.
Pero no es sino «enfrentando esos riesgos» cuando te vas a dar cuenta de lo grandes que estabas haciendo tus miedos, y luego te vas a sentir increíble y capaz de todo.
Eso le quitará voz y poder a la ansiedad.

¿Esto es lo que quiero?

Me parece importante añadir esto porque, además, me da pie

para enlazarlo con la segunda parte, que es: ¿quién quiero ser? En mi viaje caótico en busca de mi identidad, me di cuenta de una cosa.
Una cosa de la que sé que no soy responsable, pero que nunca me había parado a pensar.
¿Esto es lo que quiero o lo que creo que tengo que querer?
¿Esto es lo que quiero o lo que esperan de mí los demás?
¿Alguna vez te has planteado si estás viviendo la vida que quieres vivir, las experiencias que quieres tener?
¿O sientes que te estás dejando llevar por lo que se supone que alguien de tu edad, alguien exitoso, tiene que vivir?

Me ha pasado, y no te puedo negar que a veces me sigue pasando. Por eso es muy importante lo que te voy a contar.

Muchas veces y, sobre todo, en el mundo en el que vivimos con las redes sociales, las comparaciones son inevitables y los juicios de valor, también.
Es muy fácil caer en ellas y sentirse mal porque crees que no estás viviendo la vida al máximo o porque se te bombardea constantemente con que, para ser feliz y tener una vida idílica, tienes que conseguir X cosas, tener X cosas y hacer X cosas.
Además, parece que tienes que hacerlo en unos tiempos muy rígidos; si no, serás un fracaso.

Cuando con veintidós años terminé mi relación, sentía que tenía que compensar todo lo que no había vivido, todo lo que no había experimentado, y hacer todas las cosas que una chica de mi edad se suponía que tenía que hacer.
No me paré a escucharme ni un solo segundo.
Solo me dejé llevar.

Sé que en muchas ocasiones necesitas equivocarte para poder replantearte las cosas, verlas desde otras perspectivas y darte cuenta de lo que de verdad quieres.
Y siento que en ese momento es lo que yo necesitaba, porque se me había privado de ese aprendizaje cuando tenía que haberlo vivido.

El error que cometí fue no pensar en ningún momento qué es lo que yo quería.

Pasaron los años y yo seguía sin escucharme, no dediqué tiempo a conocer mis necesidades y a averiguar qué me iba a hacer feliz a mí.

No me lo reprocho ni me culpo por ello.

Cada cosa en su momento, no me canso de decirlo.

Esto es algo que me ha llevado muchos años aprender y reconozco que es difícil y requiere mucho tiempo de introspección.

De conocer de verdad a tu yo más puro.

No al ego, no al «qué van a pensar los demás», no a «esto se supone que me tiene que gustar».

No tengas miedo a no encajar.

No tengas miedo a que tus *goals* en la vida no sean los de todo el mundo.

No tengas miedo a probar y equivocarte.

Pero escúchate siempre.

Y guíate por lo que de verdad te hace feliz.

Si es una vida sencilla, disfruta de la belleza de las cosas pequeñas.

Si es una casa en el bosque, lejos de la gente y sin redes sociales, hazlo.

Si es salir de fiesta, sal; pero si es quedarte en casa, aunque «seas joven y tengas que aprovechar tu juventud», no lo dudes ni un solo minuto.

¿Quién mejor que tú sabe lo que te llena el corazoncito?

Solo hay que detenerse a escuchar sin el ruido del resto.

Cuando por fin he sido capaz de escucharme, de repente:

Me he ido de una fiesta sin dar explicaciones porque simplemente prefería estar en mi casa con mis perras.

He dicho que no a un plan que no me apetecía.

No he ido a un evento.

Me he quedado un viernes en casa sin ningún plan.

He descubierto que el sexo de una noche no es para mí...

Todas y cada una de esas veces, de esas revelaciones, se han sentido como un abrazo.
Y ha sido maravilloso.
☺

Entonces, llega el momento de plantearse:
¿Quién quiero ser?
¿Cómo es la persona en la que me quiero convertir?
Te invito a que dediques unos minutos a esto. No se trata de buscar constantemente tu mejor versión, porque ya la eres.

Se trata de avanzar en sintonía con tus valores y tus creencias.
Y de sentirte orgullosa cada día de la persona que eres y de la persona en la que te estás convirtiendo.

Hay un par de frases que leí hace unos meses en un libro, que te recomendaré al final, que me resultaron superinspiradoras para este proceso:

> **«Empieza a actuar como la persona que quieres ser».**

> **«Decide quién quieres ser y demuéstratelo a ti misma mediante pequeñas victorias continuas».**

Poquito a poco te vas a ir dando cuenta de que puedes conseguirlo.
De que eres capaz.

Y de que, probablemente, lo que te estaba limitando era tu sistema de creencias.

Piensa, por ejemplo, en tu yo del futuro y pregúntate: ¿qué haría ella en esta situación?

O ¿qué puedo hacer yo aquí y ahora para llegar a ella?

Y ve dando pequeños pasitos, para ir reforzándolo.

Desde que somos pequeñas y durante toda nuestra vida, asumimos como ciertas y como verdades absolutas creencias que nos han ido enseñando o que hemos ido aprendiendo.

Y muchas de ellas son limitadoras.

Por suerte, se pueden eliminar y cambiar por otras creencias capacitadoras.

Cuando aprendí este concepto en un libro, no me podía creer cómo algo en apariencia tan simple era tan importante y podía cambiar toda la percepción de mí misma y de cómo afrontaba la vida.

Pensando y meditando sobre esto, me di cuenta de que estaba llena de creencias equivocadas que me limitaban y me hacían sentir increíblemente mal conmigo misma.

Tenía un autoconcepto mío de lo más horrible.

Y es que cada una de nosotras, tú, tenemos un plano mental de quiénes somos a nivel subconsciente que conscientemente puede que no reconozcamos.

Yo había tomado frases como estas como verdades absolutas:

«No eres capaz».

«Nunca has conseguido nada».

«No cumples tus promesas».

«No eres constante».

Y podría llenar esta página, pero voy a parar aquí. Supongo que ya has entendido a lo que me refiero...

Te puedes imaginar que, si yo aceptaba todo esto como cierto, ¿cómo iba a ser capaz de enfrentarme a algún reto, de asumir un riesgo o de hacer algo que me daba miedo?

Sí, todo lo que creía de mí era incapacitante y superdestructivo.
Y así con casi todos los ámbitos de mi vida.
Era asumir una derrota sin ni siquiera intentarlo.

Y, como te decía antes, en muchas ocasiones estas creencias ocupan un espacio chiquitito en una parte de nuestro subconsciente y no nos damos ni cuenta.
Si haces el esfuerzo de pensarlo de manera racional, seguro que encuentras un montón de evidencias que desmontan tus creencias.
Pero tienes que esforzarte, ¿verdad?
Por el contrario, esos pensamientos intrusivos, ese autosabotaje, aparece en tu cabeza en cualquier momento sin saber siquiera por qué.

A mí me pasa exactamente igual.
Si lo pienso, sé que todas esas creencias no son reales, pero a la hora de la verdad, lo primero que tiendo a pensar de mí es lo negativo.

¿Qué cositas me han ayudado a mí a cambiar estas creencias limitantes por otras capacitadoras?

- Hacer *journaling* todos los días y apuntar qué cosas he sido capaz de hacer ese día.
- Repetirme esas cosas en voz alta todos los días frente al espejo. Reafirmarme en las cosas que hago bien y con las que me quiero reconfortar y dar crédito.
- Para cambiar una creencia que está asentada en nuestro subconsciente, ayudan mucho los ejercicios de repetición, así que escribir o decirlo en voz alta va a reforzar este proceso.
- Si, por ejemplo, quiero ser constante con mi alimentación, apunto en un calendario, con un código de colores, los días en los que he cocinado/me he alimentado bien. Porque soy una persona que vive en el todo o nada y, cuando fallo una sola vez, siento que he

perdido todo el progreso. Hacer esto me ayuda a ver que no es así.

- Reformular las frases. La manera en la que te hablas y las palabras que usas son superimportantes porque pueden pasar de capacitarte a limitarte.

Tus acciones no te definen.
No uses frases como «yo soy...» o «yo nunca/siempre...».
Al final, con esas palabras le estás dando la razón a ese subconsciente.
Cuando me doy cuenta, intento reformularlas a: «En esa época me comportaba así o actuaba de esta manera».
Tenemos que ser conscientes de que no en todos los momentos de nuestra vida nos hemos sentido con la misma energía para llevar a cabo algo o no hemos actuado de la manera que lo haríamos ahora, y esas acciones pasadas no pueden definirnos.
Solo hay que cambiar el «ser» por el «hacer». Hacer una cosa mal no te hace ser malo.

Recuerda: tus actos no te definen.

☺

Ahora te toca a ti

♥♥♥♥♥♡♡♡

Carta a tu yo del futuro.

Escribe una carta agradeciéndote todo lo que haces por ti.
De ti para ti.
Define quién quieres ser y qué vas a hacer para llegar a
ser esa persona.
En un año, cuando leas estas palabras de ti para ti, ojalá
te reconforte saber que tu yo del pasado está agradecida
contigo por todo lo que has logrado.
Y sé consciente de que siempre vas a estar ahí para ti.
Siéntete orgullosa de quién eres.

☺

♥♥♥♥♥♡♡♡

♥♥♥♥♥♡♡♡

Capítulo seis

Mis *safe spaces*

*Quiero compartir contigo mis lugares felices,
aquellos a los que siempre puedes volver*

A lo largo de los años he ido encontrando lugares, series, hobbies, actividades o incluso personas que me han hecho sentir a salvo.

Donde he encontrado paz.

Y donde he decidido volver y volver una y otra vez cuando me he sentido mal o he necesitado calma.

Esto son los *safe spaces*.

Y tenerlos es superimportante.

Este capítulo me hace especial ilusión porque voy a compartir contigo muchas cositas que me hacen feliz con la intención de animarte a pensar las tuyas propias para tenerlas muy presentes en tu día a día y que puedas volver a ellas siempre que lo necesites.

Voy a compartir contigo mis lugares seguros.

Y, además, quiero contarte mi historia, cómo llegué hasta aquí, precisamente gracias a uno de esos lugares seguros: YouTube.

¿Sabes que la cabeza no distingue lo que es real de lo que no? Cuando recordamos un momento bonito, un lugar donde fuimos felices, una canción, un recuerdo..., nuestro cuerpo libera las mismas hormonas que en ese mismo momento, e inevitablemente volvemos a sentirnos felices.

Así trabaja la química de nuestro cerebro.
Y, por el contrario, si recordamos un momento doloroso
que nos creó miedo, malestar, angustia, reviviremos esas
emociones y nos volveremos a sentir así.

Por eso, cuando estamos pasando por un mal momento
y sentimos ansiedad o tristeza, lo ideal es recurrir a un
recuerdo feliz o volver a uno de nuestros *safe spaces*.
Para mí, uno de esos lugares fue YouTube.

Con dieciséis años, y durante todo lo que duró mi relación, no
tuve redes sociales, como te podrás imaginar a estas alturas.

**Mi única ventanita al mundo
exterior era YouTube.**

Ahora estamos acostumbrados a que es una plataforma en
la que puedes ver todo lo que quieras y todo lo que imagines
está ahí.
Pero en 2010 era muy distinto.
Yo solo lo utilizaba para ver vídeos musicales y poquito más.
Así fue como, viendo un videoclip de Lady Gaga, me salió como
sugerencia un vídeo de una chica maquillándose como ella.
WHAT? ¿QUÉ ERA ESO?
¿Chicas maquillándose?
¿Chicas hablándome de sus vidas?
Fue amor a primera vista.
Me encantaba.
Ese momento de compartir sus *tips* de belleza, que me
enseñasen sus habitaciones, sus rutinas, qué estudiaban...
todo.
Yo quería verlo todo, me apasionaba.
Siempre he sido una chica muy presumida a la que le ha
encantado el mundo *beauty*, el maquillaje, las cremitas, las
cositas para el pelo, y aquí había encontrado mi sitio.

Los disfrutaba tantísimo...
Era como vivir de manera «real» algo que no podía hacer.
Intentaba no pensar en que ese maquillaje que me compraba
no iba a poder usarlo, o que los *tips* sobre la universidad no
me iban a ayudar porque no iría.
Pero daba igual, era un espacio en el que podía ser yo,
en el que podía vivir otra realidad en esas horas que pasaba
delante de la pantalla.
Sentía esperanza y eso me hacía sentir bien.

Y a todas esas chicas, las sentía de verdad como amigas.
Y eso me llenaba el corazón.

Durante esa época, era tal mi pasión por este mundo que
fantaseaba en mi casa y me pasaba horas delante del espejo
haciendo *hauls* de las cositas que compraba, enseñaba mi
rutina de *skincare*, hacía *room tours*...

Pero, como te puedes imaginar, era algo que no podía ni
plantear ni decir en voz alta.
Recuerdo que me hice un blog, pero no podía enseñar mi
cara..., así que ni siquiera lo llegué a empezar.

Y así pasaron los años.
Mi relación se terminó.
Y YouTube se quedó a un lado.

Eso que un día me salvó acabó doliéndome muchísimo.
En los últimos años de mi relación ya no me reconfortaba.
Ya no me evadía ni me hacía sentir mejor.
Al revés.
Era un recordatorio de lo horrible que era mi vida, de lo
desgraciada que era.
De lo injusto que era lo que estaba viviendo.
De que todo el mundo avanzaba y yo no podía.

> **Era ver cómo todas esas chicas tenían una vida.**
> **Una vida normal que yo no podía tener.**

Era una comparación constante y un sentimiento muy doloroso.
Porque, en los últimos años, ya había asumido que esa era la vida que tenía que vivir.
Ya no tenía esperanza.

Si me conoces, ya sabes cómo acaba esta historia.
Es muy bonita.
Y acaba bien.
Mis amigas a veces lo comparan con el karma.
Es de película.
Acabar trabajando en YouTube.
Y ser una de esas chicas.
GRITITO

Pero lo que no sabes es cómo empezó y cómo han sido estos casi seis años que llevo dedicándome a lo que un día fue mi sueño y mi salvación.
Volvemos a 2017. ¿Me acompañas?

Te hago un resumen rápido para que ubiques qué estaba pasando en mi vida por aquel entonces.

Estaba cursando mi primer año de carrera y ya llevaba un año saliendo con Mario.
Seguía yendo a la primera terapia y fue cuando me diagnosticaron depresión y empecé con la medicación.
No sabía hacia dónde avanzaba mi vida, pero sabía que estaba en el camino.

En esa época, a Mario y a mí nos encantaba coger el coche, encontrar sitios bonitos y hacer fotos. Yo ya me había creado una cuenta de Instagram por aquel entonces y disfrutaba mucho subiendo lo que hacíamos, pero de manera inocente, sin buscar ningún propósito o finalidad.

Y no sé cómo ni si lo pensé demasiado, pero tomé la decisión y en abril abrí mi canal de YouTube.

Creo que era algo que siempre había estado dentro de mí y, sin pensarlo, salió.

Sabía que era el momento. Y que estaba preparada.

Tenía el apoyo de Mario para empezar y no sentirme sola y abrumada.

Las herramientas. Las ganas. La energía.

Era mi momento.

Y LO HICE.

Recuerdo mis primeros vídeos con muchísimo cariño: un cincuenta cosas sobre mí, unas *covers* de K-pop, *hauls*, *tags*, favoritos del mes...

Y recuerdo cómo me sentía. Era una mezcla de tantísimas cosas: emoción, ganas, miedo, vergüenza...

Pero nada me paraba.

Disfrutaba la manera en que lo vivía y las ganas... eran enormes.

Recuerdo también cómo poquito a poco iban llegando las primeras personas, cómo fui creciendo, creando y cambiando.

Pasaron muchos años y subí más vídeos intentando encontrar mi identidad.

Lo bonito es muy bonito.

Y lo malo es muy malo.

A veces me sentía muy emocionada y feliz; otras estaba llena de inseguridades y miedos por exponerme.

A veces estaba muy motivada y con ganas de hacer muchas cosas, y en otras ocasiones llegué a desarrollar ansiedad cuando me ponía delante de la cámara.

Me ha costado muchos años conocerme y, por tanto, encontrar mi sitio en las redes.

Mucho trabajo para no sentirme inferior o compararme con otras chicas.

Mucho esfuerzo para no tirar la toalla cuando la depresión me anulaba como persona.
Y es que...
Han pasado seis años desde mi primer vídeo.

Puedo decirte que no ha sido un camino fácil, pero hoy siento que he encontrado mi sitio, mi lugar y mi propósito en redes sociales.

Mi trayectoria, mi contenido, todo ha ido evolucionando a medida que yo lo iba haciendo en mi vida personal.
Al final, es un trabajo en el que no puedes dejar de lado quién eres ni separarlo de tu vida personal; si te sientes mal, vas a transmitirlo.
Y yo, durante muchos años, intenté esconder ese sufrimiento y ese dolor que estaba atravesando con el fin de que fuese un lugar seguro para las personas que me siguiesen, como a los que yo recurría de adolescente.
Donde te pudieras sentir bien, tranquila y no pensar en tus problemas.
Un lugar bonito donde siempre estar feliz o, al menos, entretenida.

Esa sensación, ese lugar que yo misma creé, donde no había espacio para estar mal y donde siempre quería mostrar mi parte alegre, hizo que cada día fuese más y más difícil.
Que mi trabajo se convirtiera en algo que me causaba mucha ansiedad y, por mucho tiempo, tuve que parar, y priorizar mi salud mental.
He estado inactiva meses y meses, sobre todo desde mi recaída en 2020, haciendo lo mínimo que podía y desapareciendo por temporadas para priorizarme a mí.
Aunque nunca del todo, porque siempre tenía el miedo de que parar supusiese caer en el olvido.

Ahora soy consciente de que puedo compartir esa parte no tan bonita en mis redes sociales y que eso va a ayudar a muchísimas personas a no sentirse solas ni raras, a que se hable de salud mental, de las luchas que tenemos que vivir y a que quienes están pasando por lo mismo no se sientan culpables por cómo se sienten.

Y qué bien sienta haber encontrado mi propósito.
Por eso estoy hoy aquí contigo ☺.

Nunca he sido partidaria de decir que gracias a lo que he vivido soy la persona maravillosa que soy ahora y puedo ayudar a otras muchas personas a gestionar su dolor.
Porque no es así.
Esto es gracias a mí.
Pero sí le he sacado otro significado a lo que he tenido que vivir para convertirlo en aprendizaje, conocimiento y amor propio.
Y creo que esa parte es la que tengo que compartir.

Está siendo un camino profesional maravilloso, lleno de cosas muy bonitas y experiencias que recordaré siempre.
Como te conté antes, tuve la suerte de viajar, con marcas como Lush, a Liverpool, a Malta, e hice un voluntariado...
Conocí a muchas chicas que se dedicaban a lo mismo y que, como yo, estaban empezando, a las cuales ahora tengo la suerte de llamar amigas.
Y fue muy especial.

Pero si algo tengo que destacar es que siento que he cerrado el círculo.
He tenido la suerte de conocer a muchas de las chicas que admiraba de ver sus vídeos y darles las gracias en persona por haber sido mi salvavidas.
Ahora ellas saben que existo.
Incluso he vivido lo que es que ellas aprecien mi trabajo.
Increíble.

Quiero que sepas que te siento como a una amiga, porque sé lo que es estar al otro lado y lo que es sentir que me conoces. A día de hoy me sigue pasando con otras chicas.
Y por eso me esfuerzo cada día en ser ese *safe space* para ti.
Y para todas las personas que me siguen día a día con palabras de amor, con respeto y con cariño.

Antes de terminar este capítulo, quiero compartir contigo cosas que me hacen sentir mejor o me reconfortan cuando no me siento bien. Al final, tendrás una lista de los que en este momento son mis *safe spaces*, más concretamente, canales, cuentas, series..., por si puedes encontrar ahí el tuyo ☺.

Es importante conocernos y escucharnos.
Al igual que sentir dolor y aceptarlo cuando aparece.
Pero en esa gestión del dolor, de los pensamientos o de los sentimientos incómodos, sí hay algo que podemos hacer, y es reconfortarnos y buscar cosas que nos hagan sentir mejor.

Estas son las mías:

El K-pop

El K-pop, desde el día que lo descubrí, se ha convertido en algo muy importante en mi vida.
Apareció en uno de mis peores momentos y siempre ha sido el lugar donde sentirme bien y reconfortada.
Para mí no es solo música y, definitivamente, no es una moda.
Es algo mucho más grande que me hizo tener esperanza y confiar en que todo iba a mejorar.
Me pasaba horas y horas viendo contenido de K-pop, programas de variedades, *showtimes*, los *realities*, los videoclips, las actuaciones en directo, conciertos, *dance practices*...
Y sigue formando parte de mí.
Sigue siendo mi *safe space*.
Sigo disfrutando y me sigue reconfortando como el primer día.

La música

La música tiene su propia categoría.
Si hay algo que me hace cambiar el *mood* de manera instantánea es la música.
Elige la canción que sabes que te va a dar esa buena vibra que necesitas cuando la escuchas y cántala en el espejo. Yo amo hacer eso. Y baila sin miedo. Muévete, disfruta.
Antes era defensora de ponerse música triste cuando se está triste, pero si lo que quieres es salir de ese bucle, definitivamente ponte algo que te eleve.
Que te recuerde a un momento bonito, a una fiesta y, en cuanto la escuches, volverás a ese estado.

Un baño o ducha relajante

Entro siendo una persona y salgo totalmente nueva.
En el siguiente capítulo te contaré la importancia de estas cositas, de los autocuidados, pero sentir que me preocupo y que me cuido supone una diferencia en mí.
Es un momento de relajación en el que solo existes tú y tus pensamientos.
Y es un buen momento para reconectar con ellos e identificar de manera más ordenada y clara qué te está pasando y cómo te estás sintiendo.
Para escucharte y entenderte.

El movimiento físico

Es sin duda lo que más me cuesta, pese a que cuando lo hago me siento tan bien...
Esto puede englobar salir a caminar, ir al gimnasio, patinar, practicar yoga o hacer abdominales en casa viendo un vídeo de YouTube.

Eso que sepas que te va a hacer sentir bien.
Que no te va a frustrar.
Yo he empezado a incluirlo en mi rutina.
No con el objetivo de lograr un cambio físico, que llegará de manera natural, sino con el foco en sentirme mejor conmigo misma y sentir que avanzo.
A nivel hormonal, el cambio es real, porque tu cuerpo libera hormonas que te hacen sentir bien después de haber hecho ejercicio.
Pero a nivel mental, para mí, sentirme capaz es simplemente maravilloso y me ayuda a construir una mejor imagen mental de mí misma.

Ordenar mi espacio

Amo sentir que el espacio que me rodea, en el que vivo, está limpio y tiene una armonía visual que me da paz mental.
Pero, aparte de eso, en momentos en los que me siento mal y necesito salir de esos pensamientos y liberarme, ordenar y limpiar mi espacio, ya sea físico o digital, me llena de energía.
No solo al terminar, sino durante el proceso.
Ponte música que te motive, baila, canta, haz el momento especial.
Hazlo tuyo.
Conviértelo en un momento más para ti.
Es algo que disfruto muchísimo, que me llena de paz y me calma.

Comer algo riquito

He dudado si incluir esta parte o no porque, desde hace muchos años, estoy en una lucha con la alimentación.
Mi relación con la comida nunca ha sido buena, pero no fui consciente de ello hasta que empecé a vivir sola y vi en mí muchos patrones y creencias superdañinas y autodestructivas.

Siempre he recurrido a la comida para calmar la ansiedad de manera obsesiva y poco sana.
Y en los momentos de autosabotaje, me daba atracones porque sentía que era algo que podía controlar.

Estoy aprendiendo a mejorar esa relación.
A no sentir culpa cuando como alimentos «que se supone que no debería comer».
A regular mi ansiedad con otras cosas.
Y a disfrutar de la comida.
Es un proceso duro porque la sociedad te bombardea constantemente con cuerpos normativos a los que quieres aspirar porque sientes que esa va a ser la solución a tus problemas, mientras te sientes culpable por pensar así y no ser capaz de aceptar tu cuerpo tal y como es.
Ánimo si tú también estás en esto.

Pero dedicarme un rato a cocinar algo rico y comer una comida que me apetece mucho, de manera sana y consciente, me llena el corazoncito y me hace sentir increíble.

Trabajar en mí

Esta parte va más allá de todo lo que te he contado hasta ahora.
Se trata de un cuidado y un trabajo consciente en ti misma.
No de hacer algo que te va a ayudar de manera colateral, como en los casos anteriores.
El próximo capítulo trata de esto.
Te hablaré del amor propio, de cómo cuidarte, trabajar en ti, escucharte y perdonarte.
Del camino de la sanación y de cómo conocerte a ti misma.
Te va a encantar.

Ahora te toca a ti

♥♥♥♥♥♥♡♡

Hablemos ahora de tu *safe space*.
¿Qué te reconforta? ¿Qué pequeñas cositas haces que sientes que te cambian el *mood*?
¿Qué recuerdos sacan en ti una sonrisa instantánea?

Piensa y haz una lista de cosas a las que siempre recurres cuando no te sientes bien.
Pueden ser lugares, personas, una serie, un libro, una comida...

- Elabora tu *safe space*.
- Puedes utilizar este espacio para ponerlo bonito con dibujos, conceptos, recortes de revistas, fotos, pegatinas... y volver aquí siempre que lo necesites.

Capítulo siete

El camino hacia el amor propio

Te prometo que no vas a estar sola en este camino

Llevo más de siete años aprendiendo a quererme.
Y en este capítulo espero poder ayudarte a hacer las paces contigo misma, a reconciliarte, valorarte, conocerte, quererte y perdonarte.
Ojalá te conviertas en tu persona favorita en este mundo.
Quiero ayudarte a comenzar tu camino hacia el amor propio.

Sin duda, es el más gratificante y bonito, pero a la vez el más duro y difícil.
¿Me acompañas?
Te aseguro que no te vas a arrepentir.
Y espero que una vez que hayas terminado este libro, vuelvas una y otra vez a este capítulo, que sin duda es el más bonito, el que más quiero que te llegue y te inspire y el que contiene todas las claves para sanar, mejorar la autoestima y quererse sin límites.

Aquí te dejo algunas de las claves que van a hacer que tu percepción de ti misma cambie y empieces a quererte como nunca lo habías hecho.

Haz las paces contigo misma

Muchas veces, de manera inconsciente, cargamos con culpas y nos hacemos responsables de cosas que no son justas para nosotras.

Si tomamos una decisión equivocada, si fallamos, si no conseguimos un propósito, nos machacamos y nos sentimos inseguras y vulnerables.
Y comenzamos a crear una imagen nuestra que no nos gusta, que no nos hace feliz y que nos causa dolor y rabia.
Y a la cual hacemos responsable de todo lo malo que nos pasa.
Esto hace que inevitablemente pelees contra ti misma, que te saboteues, que gastes tu energía en luchar contra tu propia cabeza y acabes siendo tu peor enemiga.
Lo sé.
Es lo más duro que te puede pasar.
Por eso creo que es lo primero que hay que trabajar para empezar a sanar y a amarnos.
A perdonarnos.

Al igual que te conté que elegí no perdonar, por mí misma lucharía una y mil veces y siempre elegiría perdonarme.
Es muy duro sentir que te has fallado, que no eres suficiente o que no te respetas y te valoras.
Es muy injusto sentir que no te quieres bien.
Y desmontar todo esto comienza desde el perdón y la comprensión.

Recuerda que no eres mala persona por haber cometido errores,
que tus acciones no te definen como ser humano
y que hay caminos que recorrer simplemente para equivocarse y aprender.
De todo puedes sacar un aprendizaje.
Y todo, con trabajo, se puede sanar.

Tú eres la única persona con la que vas a pasar el resto de tu vida y te debes ese perdón.

A partir de ahí, ten presente cómo te hablas, cómo te tratas, lo que te exiges, y piensa:

¿les hablaría así a mis amigas?

Probablemente la respuesta sea no.

Trabaja en convertirte en tu mejor amiga.

Sé comprensiva siempre y aprende a querer todo de ti. Lo bueno y lo malo.

Cuesta mucho, claro. Pero vale aún más.

Aprende a escucharte

Puede parecer fácil, pero a la mayoría de las personas, en algún momento de nuestras vidas, nos asusta escucharnos.

Ya sea porque nuestra cabeza está llena de miedos que nos van a hacer sentir inseguras,

o porque no queremos descubrir y desentrañar lo que sentimos, porque nos asusta lo que vayamos a encontrar si miramos en nuestro interior.

Si te ha pasado, te entiendo.

Hay que ser muy valiente para mirar hacia dentro sin saber lo que vas a encontrar.

Yo también he estado ahí.

Ha habido veces que no he sido capaz de parar a escucharme porque mi cabeza era un caos de ansiedad, miedos, pensamientos intrusivos, malas palabras y un montón de cosas que hacían que el silencio y las noches fuesen una tortura.

Hasta hace poco, no sabía estar sola, no sabía gestionar los silencios en los que estás tú con tus pensamientos, y me hacían mucho daño.

Rellenaba los huecos con series, música de fondo.

O con gente.

Huyendo siempre de los momentos en soledad.

Pero:

Escucharte es clave para llegar a conocerte.
Como te conté en el capítulo cinco, donde te hablaba
de quién soy y quién quiero ser, es vital que aprendas a
escucharte, porque solo así llegarás a saber de verdad quién
eres. Y abrazarás todo de ti.

Necesitas conocer todas tus partes buenas, pero también las
malas que te incomodan y no te hacen sentir bien.
Es un trabajo difícil y que puede causarte dolor porque
descubrirás cosas que no te gustan y tendrás que hacer frente
a comportamientos o actitudes que te hacen sufrir.
Pero te aseguro que merece la pena.

Probablemente, por un lado, no seas consciente de lo
maravillosa que eres y nunca te hayas dado ese valor.

Por otro lado, cuando conozcas esas partes malas, es cuando
vas a poder identificarlas como tuyas y trabajar en ellas.
Esto requiere tiempo y esfuerzo.
Requiere pasar mucho tiempo sola y ser consciente de todos
los pensamientos que llegan a tu cabeza.
Así que no seas dura contigo misma.
Reconfórtate por estar haciendo esto.
Y siéntete orgullosa por quererte tanto y luchar por ti.

Cambiarás tanto tú como tu manera de relacionarte con el
mundo.
Te sentirás mejor por pensar en ti,
por preocuparte por lo que de verdad quieres, y no los demás,
por darte crédito,
por darte el lugar que mereces,
por vivir la vida que de verdad quieres,
por sentir que te estás eligiendo,
que no cargas con culpas que no son tuyas
ni responsabilizas a otros de las tuyas.

Es una liberación.

Y necesitas dedicarte ese tiempo a ti, porque te lo mereces.
Mereces conocerte y aceptarte desde el respeto, el cariño y el
amor.

Date valor

Cuando hablamos de la autoestima, recuerda lo importante
que es premiarnos todos los logros, por pequeños que nos
parezcan.

Date valor.
Siempre.
Aunque creas que para los demás lo que has conseguido es
insignificante.
Tú y solo tú sabes lo que representan para ti esos logros.
Prémiate, date crédito.
Recuerda que fuiste capaz.

Y cuando la vida te ponga en otra situación complicada,
estarás segura de que puedes con ella,
porque ya lo hiciste muchísimas veces antes.
Sea lo que sea.

Cuando tu percepción da un giro y comienzas a reconocer
en ti esas cosas buenas, esas valías, tu mundo cambia.
Y la manera en la que te relaciones con él, también.
En tu vida personal, en tu trabajo, en las pequeñas cosas de
cada día...

Cuando seas consciente de lo que vales, serás consciente de lo
que mereces y no esperarás ni te conformarás con menos.
Y pondrás límites sanos.
Y aprenderás a decir que no.

Y sentirás que no te estás fallando, porque tú misma te pones en el lugar que te mereces.

Aprenderás a vivir sabiendo que no necesitas que los demás te digan si eres válida o no. Porque sabrás perfectamente que eres la joya más valiosa.
Ya no vivirás buscando palabras de reafirmación
o aceptación externa.
Tú y solo tú tienes que verlo y creértelo en el fondo de tu corazón.

Practica la gratitud

Al final del capítulo te voy a dar unas herramientas que te van a ayudar muchísimo a practicar la gratitud gracias al *journaling*. A mí, desde que lo he empezado a practicar este año me ha cambiado muchísimo la manera de percibirme y me ha ayudado a ser más consciente de quién soy o, mejor dicho, de lo maravillosa, capaz y merecedora de amor que soy.

Es fácil.
Y solo requiere constancia.

Pero no te puedes imaginar la importancia de agradecer
para vivir en armonía con lo que te rodea,
para crear una actitud distinta hacia la vida,
para llenarte de esa energía positiva que irradias al mundo.
Y eso se devuelve.

Puedes agradecerte a ti o al universo, lo que tú quieras; dependerá de tus creencias y valores.
Pero si estás en el camino del amor propio,
¿a quién mejor que agradecerte a ti misma?
Por no rendirte.
Por seguir luchando.

Por buscar las maneras de amarte.
Por ser comprensiva contigo.

Y escríbelo.
Escríbelo todos los días, al amanecer y al acostarte.
Que lo primero que escuche tu cabeza al levantarse sean palabras de refuerzo hacia ti.
Y que se vaya a dormir con agradecimiento.

También puedes utilizar tu *journal* para escribir sobre tus sentimientos, ordenar tus pensamientos y así liberar tu cabeza.

Pero úsalo.
Es un pequeño gesto que de verdad vas a notar.
Todo esto tiene su porqué.
Nuestra mente tiene una parte racional y otra subjetiva, el subconsciente.

Escribir, y por medio de la repetición, es la única manera en la que vamos a poder cambiar lo que creemos y lo que sentimos de manera subconsciente.

Por eso, muchas veces en las que no nos sentimos bien, nos cuestionamos, nos criticamos, creemos que no somos capaces... Y tenemos que hacer el esfuerzo mental de asimilar que eso no es así.

Porque de manera racional lo sabes.
Y verlo escrito lo refuerza.

Pero tu subconsciente está lleno de miedos y de falsas creencias que únicamente vas a conseguir eliminar trabajando con constancia y con pequeños actos que te guíen hacia el cambio.

No te hace falta más que un boli y una libreta.
Yo te voy a dar *prompts* que a mí me han ayudado mucho.

Preguntas que te van a facilitar este proceso. Pero tú puedes encontrar las tuyas.

Las que vayan contigo y te hagan sentir bien cada día.

Mímate

El arte del *self-care*.

Haz cosas por y para ti.

Recuerda lo importante que es para tu autoestima saber que te estás cuidando, que te tratas con cariño, que te hablas con palabras bonitas y que te quieres y respetas.

Cuando hablo de *self-care*, no solo me refiero a cuidar el exterior.

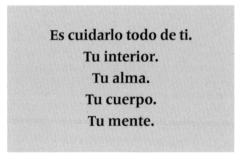

Es cuidarlo todo de ti.

Tu interior.

Tu alma.

Tu cuerpo.

Tu mente.

Para ello, me gusta pensar en los lenguajes del amor y cómo los voy a practicar conmigo misma. Te invito a que hagas igual contigo.

¿Los conoces?

Los lenguajes del amor son cinco, y serían la manera en la que demostramos y recibimos amor.

Es importante conocerlos y reconocerlos, no solo para tu relación contigo misma, sino también con los demás.

LOS 5 LENGUAJES DEL AMOR

PALABRAS
ACTOS DE SERVICIO
REGALOS
CONTACTO FÍSICO
TIEMPO DE CALIDAD

Palabras

Las palabras son, como te imaginarás, el cómo nos hablamos y nos reforzamos.
Las cosas bonitas que nos decimos, el valor que nos damos en voz alta.
Todo esto causa un efecto muy positivo al instante.
Las palabras adecuadas nos refuerzan la confianza y la autoestima.
Nos hacen sentir queridas y valoradas.

Puedes practicar a ponerte delante del espejo.
Empieza el primer día diciendo tres o cuatro cosas que te gustan de ti.
Y cada día aumenta una.

Cualidades.
Cosas que valoras,
tanto físicas como de tu personalidad.
DILAS EN VOZ ALTA.
Escúchate.
Te vas a sentir tan bien... ☺

Actos de servicio

Haz por ti esas cosas que harías por los demás sin dudarlo.
Priorízate.
Se trata de hacernos favores a nosotras mismas.
Cocínate, ordena tu espacio, haz cosas por y para ti, aunque
sean tareas complicadas.
Aunque sea algo que no te apetezca, hay muchas cosas que
sacrificarías por los demás, por hacerles un gesto especial que
por ti misma no harías.
Un viaje largo para ver algo que te apetece mucho,
una tarea del hogar pesada como colgar unas lámparas,
algo que lleves posponiendo tiempo por pereza.
Puedes hacerlo por ti.
Es muy gratificante saber que tienes a alguien que siempre va
a estar ahí para ti (y ese alguien eres tú).

Regalos

Ojo, los regalos no necesariamente tienen que ser algo
material.
Pero premiarnos, reconfortarnos con algo que nos hace
mucha ilusión, darnos algún capricho, es superimportante
para sentirnos queridas.
Te lo mereces, ¿por qué no hacerlo? ¿Por qué esperar? Piensa
qué te apetece, qué te hace sonreír, aunque sea una cosita
pequeña o simbólica. ¿Qué te hace mucha ilusión?
Ahora ve a por ello, ¡prémiate!

Contacto físico

Parece que el contacto físico solo se puede entender como
algo que tiene que darse obligatoriamente en pareja.
Y en parte entiendo que lo sea.
Pero tú misma, de otra manera, puedes darte ese cariño con
actos muy simples y de la vida cotidiana. Solo tienes que

estar presente y consciente en el momento que las haces. Hay muchos ejemplos que puedes empezar a llevar a cabo: al lavarte el pelo, puedes probar a masajearte la cabeza de una manera más calmada.
Al hacer tu rutina de *skincare*, siente los productos en tu piel, cómo masajeas tu cara con tus manos.
Cuando pongas crema en el cuerpo, hazlo siendo consciente de cada parte de ti que estás tocando y date amor en ese momento. Utiliza un aceite de lavanda para masajearte los pies antes de dormir.

Siéntete y exprime estos momentos, aprovecha para demostrarte amor y cariño.
Para reconciliarte con tu cuerpo.
Y sanar.

Tiempo de calidad

El último de los lenguajes del amor y uno de los más importantes para mí por la poca importancia que se le da. Creo que es lo que más damos por hecho y, en verdad, es vital.

Dedícate tiempo a ti y solo a ti.
Pasa tiempo contigo, sola.
Disfruta de estar contigo.

Haz las cosas que más te gusta hacer.

Es importante que en este camino y en la búsqueda activa del amor propio, te conozcas a fondo.
Como ya hemos dicho, con todas tus cosas maravillosas, pero también dando espacio a aquellas que no te gustan tanto de ti misma.

Y la manera más fácil de explorar todo esto y conocerte de verdad es aprendiendo a pasar tiempo sola y disfrutar de tu compañía.
Y este tiempo tiene que ser de calidad.
Correr de un lado a otro con la música puesta o dormirte viendo una serie no es exactamente esto, aunque lo hagas sola.
Planifica en tu agenda como parte de tu día un hueco para ir a pasear, a una cafetería que te guste...
Esta parte, la voy a enlazar con...

Pasa tiempo contigo misma

Creo que este punto tan fundamental es el mejor cierre posible a este capítulo.
Porque, sin duda, es la oportunidad de poner en práctica todo lo anterior.

Dedícate tiempo y espacio exactamente igual que se lo dedicas a tus amigas, a tu familia, a tus responsabilidades, ¡a las redes sociales incluso!
Estate presente para ti.
Conócete, descubre qué cosas te apasionan, qué cosas te hacen feliz.
Dónde sí y dónde no.
Escucha a tu cuerpo y respétalo.
Escucha a tu mente, pero no dejes que te engañe.
Y haz y vive solo por ti y para ti.
Es importante que seas tu mejor amiga.
Y que te apetezca y quieras invertir tu tiempo en ti.

¿Qué acto de amor hay más bonito que dedicarte tiempo?

Sé que estamos acostumbradas a pensar en los momentos de soledad como algo malo.
Durante muchos años se nos han inculcado esas creencias

negativas sobre lo que simboliza la soledad o estar sola.
Parece que automáticamente nos viene la imagen de la
solterona amargada con la casa llena de gatos.
Pues déjame que te diga que no es así.

Cuando te eliges a ti de manera consciente, cuando priorizas
el quedarte en casa y dedicarte tiempo a ti, significa que has
aprendido a escucharte, y eso es algo muy valioso.
Has comprendido qué cosas te hacen feliz.
Has dejado de vivir por lo que esperan los demás.

**Por fin vives por ti.
¿Puede haber algo mejor?**

No esperes a hacer las cosas que te ilusionan hasta que
haya alguien que vaya contigo. No puedes depender de la
compañía, porque quizá no llegues a hacer muchísimas cosas
en las que podrías encontrar una felicidad inmensa.
Así que, simplemente, hazlo.
Y hazlo tú sola.
Porque, de verdad, te lo prometo, no necesitas a nadie.

Es superreconfortante sentirse capaz de hacer planes sola, de
viajar sola, ir al cine un día cualquiera en el que te apetece...
Este año leí un libro, que te dejaré al final del libro, que
hablaba de «tener citas contigo misma».
¿De qué manera si no aprendes a conocer a las personas? ¿No
tienes acaso «citas» con tu pareja, un amante potencial o con
tus amigas?
Amé este concepto de inmediato.
Y me lo puse como meta.

Estoy escribiendo el final de este libro después de haber
hecho por primera vez, hace menos de dos semanas, mi
primer *solo trip* a Fuerteventura, que fue una experiencia
increíble.

Me ayudó a confiar en mí, a salir de mi zona de confort y a darme un valor incalculable.

¿Qué pensaría la Sara que pasó por un proceso de ansiedad social y que lloraba al salir a la calle sola de que seamos capaces de viajar solas? ¿Se sentiría orgullosa?

No paraba de recordarme lo valiente que había sido por tomar esa decisión.

No te mentiré si te digo que, según llegaba el momento, iba teniendo miedo...

Pero lo hice.

Con ese poquito de miedo también.

Fue gratificante.

Es curioso cómo todo el mundo pensaba que iba acompañada allí.

Me prepararon un cóctel de bienvenida para dos y reconozco que cuando iba sola a la piscina sentía las miradas de las familias o las parejas.

Supongo que no estamos acostumbrados a ver a personas hacer cosas por su cuenta y disfrutar de ese tiempo para ellos mismos.

Esos días sentí una sensación empoderadora, de control de mi vida, de personaje principal.

Y me encantó.

También, en un par de meses, me voy sola a Seúl. Y me muero de ganas de vivir la experiencia.

De volverme a sentir tan viva, tan capaz.

Sobre todo, con esto quiero transmitirte el mensaje de que, si yo he podido, tú también.

¿Qué cosas hay que te encantaría hacer sola? Te animo a que cojas el boli y hagas una lista de planes o citas que te gustaría tener contigo misma.

Yo te dejo aquí las mías por si te sirven de inspiración.

Verás lo gratificante que es ir haciéndolas y cómo les vas cogiendo el gustillo, aunque al principio te pueda dar algo de reparo.

- Ir al cine.
- *Solo trip.*
- Trabajar en una cafetería o ir sola a una cafetería a leer o, simplemente, a estar.
- Ir de compras.
- Ir a un museo o una exposición.
- Hacer un pícnic.
- Ir a la playa.
- Salir a patinar.
- Ir a una clase de yoga.
- Cocinar esa receta que lleva tanto tiempo en tu *to do list*.
- Aprender una nueva manualidad.

Te dejo un espacio para que puedas añadir qué citas te encantaría tener contigo misma para que puedas recurrir a esta página siempre que lo necesites y las puedas ir tachando.

Ahora te toca a ti

♥ ♥ ♥ ♥ ♥ ♥ ♥ ♡

Haz tu diario de gratitud y *journaling*.

Como te contaba antes, practicar esto es uno de los ejercicios que más me ayudan a poner consciencia sobre mi vida y mis pensamientos.
A parar.
A dejar de sobrepensarlo todo y soltar esos pensamientos negativos.
A ayudarme a recordar lo que valgo.

Hay muchas maneras de llevarlo a cabo, y a continuación te voy a dejar ejemplos de distintos *prompts* según en qué te quieras enfocar, de mañana y de noche, que puedes apuntar en tu cuaderno *journal* y empezar a practicar ya ☺. Puedes elegir varios y enfocarte en ellos todos los días o irlos cambiando.

Lo importante es que seas constante.

♥♥♥♥♥♥♥♡

A. M. *PROMPTS*

¿Cómo me siento hoy?

_____

_____

_____

¿Qué es lo que más me gusta de mí?

_____

_____

_____

¿Qué agradezco hoy?

_____

_____

_____

¿Cómo me voy a cuidar hoy?

_____

_____

_____

¿Cómo me quiero sentir hoy?

_____

_____

_____

A. M. *PROMPTS*

¿Cómo puedo mejorar hoy mi autoestima?

_____

_____

_____

Diez afirmaciones de «yo soy...».

Cualidades mías que amo.

_____

_____

_____

¿De qué me siento orgullosa?

_____

_____

_____

♥♥♥♥♥♥♥♡

P. M. *PROMPTS*

¿Cómo fue mi día?

_____

_____

_____

¿Cómo puedo mejorarlo?

_____

_____

_____

¿Qué *highlights* tuvo?

_____

_____

_____

¿Cuál ha sido la enseñanza de hoy?

_____

_____

_____

¿En qué quiero enfocarme mañana?

_____

_____

_____

Capítulo ocho

No volver a perderme a mí misma

Me prometí no hacerlo,
me prometí no volver a olvidarme

Hola, Sara ☺:

¿Cómo estás?

Estos días están siendo raros, no sé muy bien cómo me siento
y quería escribirte para contarte todo aquello que siempre
imaginaste que llegaríamos a ser.
Estamos a punto de cumplir treinta años. Sí, esa edad que nos
parecía tan lejana está llegando.
Y no te creas que hemos cambiado mucho. Físicamente seguimos
pareciendo niñas y no nos sentimos muy adultas, no vestimos
como adultas ni nos gustan las cosas de mayores.

Ahora vivimos lejos de papá, mamá y Pato, y en días como hoy
los echamos mucho de menos.
Ellos están bien, felizmente jubilados, en nuestra casita con las
perritas. Nos llamamos casi todos los días y siguen siendo la
suerte de nuestra vida.
Patty se ha comprado una casa con su novio y también es muy
feliz.

Y, sí, nunca hemos dejado de ser mejores amigas.
Hace un par de años nos mudamos a Madrid porque ya no éramos felices en Burgos. Además, por nuestro trabajo era mejor vivir aquí.

¿Quieres saber de qué trabajamos?
Sé que tu sueño era ser cantante o locutora de radio y, aunque nunca llegamos a perseguirlo, la vida ha hecho de las suyas...
Nos dedicamos a las redes sociales.
No somos famosas, pero a veces nos piden fotos por la calle.
A papá le sigue emocionando seis años después.
Somos creadoras de contenido digital y hemos aprendido a transformar nuestras experiencias vitales en enseñanzas y ayuda para otras personas.
Somos unas grandes comunicadoras, y todos los días nos llegan mensajes de aquellas a las que hemos ayudado al contarles nuestra vida.
Te prometo que es supergratificante.

Sé que quieres saber si tenemos novio.
Lo tenemos.
Se llama Dani y es como siempre imaginaste.
Nos quiere mucho y bien.
Y nos cuida.

¿Y nuestros amigos? Los mejores que una puede tener.
Agradecemos todos los días por seguir teniendo a personas maravillosas a nuestro alrededor.
No nos merecemos menos.

Sara, la vida se puso un poquito difícil en nuestra adolescencia y, aunque tuvo momentos muy duros en los que tuviste que protegernos, ser valiente y fuerte porque no querías preocupar a mamá y papá, quiero contarte que estamos a salvo.

Que hemos sobrevivido.
Y que poco a poco estamos sanando.

Quiero que descanses, que sigas siendo una niña, porque ahora yo puedo protegernos a las dos.
Estoy y estaré siempre orgullosa de ti.

Te quiero.

Estoy escribiendo esto con un nudo en la garganta y una sensación de liberación que nunca antes había sentido.
No puedo creer que vayas a tener mi historia entre tus manos.
Nunca antes me hubiera creído capaz de conseguir esto.
Y aquí estoy, una vez más, demostrándome que soy fuerte y valiente.
Que mi historia sí merece ser escuchada.

Escribir este libro ha sido un camino muy largo, lleno de cosas bonitas y otras no tan bonitas.
De recuerdos que tenía olvidados.
De emociones que ya había guardado.
Y no puedo evitar escribir esto con los ojos llenos de lágrimas.

Mi vida no ha sido fácil,
pero he podido transformar todo el dolor al encontrar mi propósito.
No tuve ayuda.
No pude pedirla.
Y me sentí muy sola.

No quiero que tú pases por lo mismo.

Mi intención desde el principio era que pudieses tener aquí un espacio donde sentirte segura, donde reconfortarte.
Una amiga a la que acudir cuando te sientas mal.
Un mensaje que haga que no te sientas sola.
Y una historia, la mía, que te haga ver que todo pasa.
Tienes mi mano para seguir con tu viaje.

Me tienes aquí, ahora y siempre.

Como te dije al principio:

> **No estás sola.**
> **No es tu culpa.**
> **Eres fuerte y valiente, más de lo que crees.**
> **Y lo superarás.**

¿Lo recuerdas?
Gracias por acompañarme y formar parte de mi historia.

Te quiero.

Mi regalo

para ti

♥♥♥♥♥♥♥

Aquí te dejo una pequeña lista de libros, pódcast y
safe spaces en redes sociales que durante
estos años me han ayudado muchísimo,
y que espero que a ti te acompañen en este camino.

También les he pedido a mis amigas
que me recomendasen a mí cositas que a ellas
les haya ayudado para compartirlo contigo.

Recuerda cuidarte mucho. ☺
TE QUIERO.

♥♥♥♥♥♥♥♥

Libros

Do it for yourself. A Motivational Journal
   Kara Cutruzzula
Todo lo que sé sobre el amor
   Dolly Alderton
Girl on fire. How to Choose Yourself, Burn the Rule Book, and Blaze Your Own Trail in Life and Business
   Cara Alwill Leyba
El poder del ahora. Una guía para la iluminación espiritual
   Eckhart Tolle
Encuentra tu persona vitamina
   Marian Rojas Estapé
Cómo hacer que te pasen cosas buenas
   Marian Rojas Estapé
Autoestima automática
   Silvia Congost
Querida yo: tenemos que hablar. Conócete y sé feliz contigo
   Elizabeth Clapés (@esmipsicologa)
Querida Dolly. Sobre el amor la vida y la amistad
   Dolly Alderton
Controle su destino. Despertando el gigante que lleva dentro
   Tony Robbins
Cómo dejar de pensar demasiado. Una guía para eliminar el pensamiento excesivo
   George Cure
Hábitos atómicos. Cambios pequeños, resultados extraordinarios
   James Clear
The Feel Good Book. Un libro para mejorar la relación con nuestro cuerpo, la comida y nosotras mismas
   Claudia Fernández
Tu autoestima es un arte. Una guía para conocerte más y quererte mejor
   Andrea Rosario Sánchez

♥♥♥♥♥♥♥♥

Pódcast

TKM (mi podcast 😊)
Poco a poco y buena vibra
Entiende tu mente
Hot girl talks
Anything goes

Safe spaces en redes sociales

Claudia Fernández - (@cfernandezok)
Jazmín Ducca - (@jazducca)
Cintia García - (@cintigar)
Iris Roig - (@irisroig)
Irene Maculé - (@irenemacule)
Judith Jaso - (@jasojudith)
Albanta San Román - (@albantasanroman)
Elena - (@ronrolove)
Annabel Mérida - (@anntheginger)
Ops Katya - (@ops.katya)
Irene Rain - (@irene_rain)
Alicia Revilla - (@aliciarev)
Berta Pim - (@bertapim)
Irene Nortes - (@irene.nortes)
Alex Gibert - (@aleex3)
Urilife Korea - (@urilifekorea)
Violeta West - (@viomwest)

«Para viajar lejos no hay mejor nave que un libro».

EMILY DICKINSON

Gracias por tu lectura de este libro.

En **penguinlibros.club** encontrarás las mejores
recomendaciones de lectura.

Únete a nuestra comunidad y viaja con nosotros.

penguinlibros.club

Penguin
Random House
Grupo Editorial

 penguinlibros